D1927629

Mosaik
bei GOLDMANN

Buch

Das Wissen der modernen Pflanzenheilkunde hat eine jahrtausendealte Tradition. Schon im alten China, in Ägypten und in der abendländischen Medizin der Antike und des Mittelalters wusste man um die wohltuende und heilende Wirkung von Pflanzen und Kräutern. Angelika Finke stellt in diesem Buch das Kräuterwissen, das Mönche und Nonnen von alters her gesammelt und überliefert haben, vor und ergänzt es durch die modernen Erkenntnisse der Phytotherapie. Sie beschreibt die wichtigsten Heilpflanzen, ihre Wirkungen und Verwendungsformen, klärt aber auch über die Grenzen der Selbstbehandlung auf. Dazu gibt sie Hinweise für den richtigen Umgang mit Heilkräutern, für ihren Anbau in heimischen Gärten oder auf der Fensterbank und stellt Rezepte für Tees, Öle, Bäder, Tinkturen oder Kräuterliköre vor.

Autorin

Angelika Finke ist staatlich anerkannte Diätassistentin mit langjähriger Erfahrung in Praxis und Beratung. Neben dieser Tätigkeit publiziert sie Fachartikel zu Ernährungsthemen und arbeitete bereits an mehreren Sachbüchern über alternatives Heilen mit.

ANGELIKA
FINKE

Heilung aus dem Klostergarten

Das Kräuterwissen
der Nonnen und Mönche

Mosaik
bei GOLDMANN

Die hier vorgestellten Informationen sind nach bestem Wissen und Gewissen geprüft, dennoch übernehmen die Autorin und der Verlag keinerlei Haftung für Schäden irgendeiner Art, die sich direkt oder indirekt aus dem Gebrauch der hier vorgestellten Anwendungen ergeben. Bitte beachten Sie in jedem Falle die Grenzen der Selbstbehandlung, und nehmen Sie bei Krankheitssymptomen professionelle Diagnose und Therapie durch ärztliche oder naturheilkundliche Hilfe in Anspruch.

Umwelthinweis:
Alle bedruckten Materialien dieses Taschenbuches sind chlorfrei und umweltschonend.

Originalausgabe Juli 2000
© 2000 Wilhelm Goldmann Verlag, München
in der Verlagsgruppe Bertelsmann GmbH
Umschlaggestaltung: Design Team München
unter Verwendung folgender Fotos: AKG photo
Zeichnungen: Walter Voelk
Konzeption und Realisation: Christine Proske,
Ariadne Buchkonzeption, München
Redaktion: Diana Schaumlöffel
DTP-Satz: Martin Strohkendl
Druck: Presse-Druck, Augsburg
Verlagsnummer: 16238
Kö · Herstellung: Max Widmaier
Made in Germany
ISBN 3-442-16238-6

1 3 5 7 9 10 8 6 4 2

Inhalt

Vorwort

Das Wissen der modernen Pflanzenheilkunde hat eine jahrtausendealte Tradition. Schon vor 60.000 Jahren waren Schafgarbe und Tausendgüldenkraut bekannt. Überreste dieser Pflanzen wurden beispielsweise in prähistorischen Gräbern gefunden. Und am Bodensee entdeckte man in Pfahlbauten aus der Jungsteinzeit Samen von Holunder, Schlehe und Kümmel. Die Wurzeln des schriftlich überlieferten Heilwissens reichen in das Jahr 3000 vor Christus (v. Chr.) zurück, als in China der Kaiser Sheng-Nung – sein Name bedeutet »göttlicher Ackermann« – das erste Heilpflanzenbuch verfasste. Er beschreibt darin ausführlich das Aussehen, den Anbau und die medizinische Verwendung von 200 Heilpflanzen.

Aus den ägyptischen Pharaonengräbern stammen eindrucksvolle Funde, die ausführliche Rezepturen für Arzneipflanzen beschreiben: So listet etwa die berühmte Schriftrolle »Papyros Ebers« – benannt nach ihrem Entdecker Georg Ebers, der sie 1873 in einem Pharaonengrab fand – 800 Zubereitungen von Heilpflanzen auf.

Der griechische Arzt Hippokrates (um 460–370 v. Chr.) gilt als der geistige Vater der abendländischen Medizin. Er wandte sich gegen die damals herrschende Meinung, dass Krankheit von bösen Geistern verursacht werde. Seiner Auffassung nach hingen Gesundheit und Krankheit mit dem Gleichgewicht der Körpersäfte und Elementarqualitäten zusammen. Hippokrates stellte besondere Diätvorschriften auf und behandelte die verschiedenen Krankheiten mit Heilpflanzen. In seinen Schriften beschrieb er ausführlich 230 Arzneipflanzen.

Um etwa die gleiche Zeit (etwa 372–287 v. Chr.) verfasste Theophrast eine Naturgeschichte der Pflanzen, die auch 450 Heilpflanzen enthält. Nach ihm wird im Mittelalter ein unehelicher Sohn aus dem Geschlecht der Bombaste von Hohenheim genannt, Philippus Aureolus Theoprastus Bombastus von Hohenheim (1493–1541), der sich später Paracelsus nannte.

Im ersten Jahrhundert nach Christus (n. Chr.) entstanden die beiden Hauptquellen der mittelalterlichen Kräutermedizin. Der römische Arzt Dioskurides (40–90 n. Chr.), der zur Zeit Neros lebte, beschrieb detailliert 800 Heilpflanzen und ihre Anwendungsbereiche.

Von dem römischen Feldherrn und Arzt Plinius der Ältere (24–79 n. Chr.) sind 37 Bücher seiner »Historia naturalis« überliefert. Darin werden Pflanzen unter dem Aspekt ihres Nutzens für den Menschen beschrieben.

Der römische Arzt Galenus (131–201 n. Chr.), der später den Namen Galen erhielt, ermittelte als erster genaue, wiederholbare Dosierungen zur Herstellung von Medikamenten. Noch heute werden Arzneimittel auch Galenika oder galenische Zubereitungen genannt. Seine Lehre von den vier Säften wurde von den Arabern übernommen und fand durch die Klostermedizin schließlich Eingang in das medizinische Wissen des Mittelalters. Galens Ansatz besagte, dass Gesundheit von der richtigen Mischung der vier Körperflüssigkeiten Blut, Schleim, schwarze und gelbe Galle abhängig sei. Der Arzt musste für den Kranken die richtige Mischung von Medikamenten finden, die das natürliche Gleichgewicht dieser vier Säfte und damit seine Gesundheit wiederherstellte.

Nach dem Untergang des griechisch-römischen Reiches wurde die Heilkunde bis zum Beginn des Mittelalters von arabischen Ärzten geprägt. Der bedeutendste war der Perser Ibn Sina, genannt Avicenna (um 980–1037). Ende des zehnten Jahrhunderts schrieb er sein medizinisches Wissen auf. Ein Mönch des italienischen Klosters Monte Cassino übersetzte dieses Werk im zwölften Jahrhundert ins Lateinische. So entstand der »Canon medicinae«, das erste Lehrbuch der Heilkunde in lateinischer Sprache. Klar und eindeutig wurden darin die Prinzipien der wissenschaftlichen Medizin festgehalten, die bis zum Ende des Mittelalters die Richtschnur der Klostermedizin waren.

Von Hippokrates zur Phytotherapie: Entwicklung und Bedeutung der Klostermedizin

Heilung und Gesundheit in der klösterlichen Tradition

Die Mönche in den Klöstern sammelten jahrhundertelang die medizinischen und naturwissenschaftlichen Lehren der Griechen, Römer, Hebräer, Ägypter und Araber. Sie übersetzten ihre Schriften oder hielten mündlich tradiertes Wissen in schriftlicher Form fest. So wurde die medizinische Weisheit des Altertums zum Allgemeingut der klösterlichen Medizin.

Die Heilmethoden des Mittelalters

Zu Beginn des Mittelalters sind Krankheit und Gesundheit mit religiösem Glauben, aber noch mehr mit Aberglauben verbunden. Die Diagnostik und Behandlung beschränkten sich auf Pulskontrolle, Überprüfung des Urins und Aderlass. Erst durch die Mönche brach für die Heilkunde eine neue Zeit an. Sie erprobten das aus dem Altertum überlieferte Wissen und ergänzten es immer wieder durch ihre eigenen Erfahrungen. Auch die Säftelehre von Galen wurde durch die Klostermedizin seit etwa 1050 erneut populär gemacht und prägte diese, bis Ende des Mittelalters die Signaturenlehre des Paracelsus aufkam.

Die medizinisch gebildeten Mönche der Klöster und die weltlichen Ärzte verabreichten nicht nur Arzneimittel, sondern stellten auch Ernährungs- und Diätregeln auf. Diätetik bedeutet »gesunde Lebensweise« und entsprechend mischten sich der weltliche wie auch der kirchliche Arzt in das Alltagsleben ihrer Patienten, ja sogar in deren Gefühls- und Intimleben ein. Davon zeugen die zahllosen »Leitfäden zur gesunden Lebensführung«, die auch Ratschläge zum Wohnen, zur Bekleidung und Kontrolle der Gemütszustände gaben.

Die Bedeutung der Klöster für die medizinische Versorgung

Die Klöster unterhielten Hospize, Krankenhäuser, Pilgerherbergen und Leprosarien für die Leprakranken. Die ambulante Behandlung in den Klöstern war kostenlos. Für den Großteil der armen, meist kinderreichen Bevölkerung stellte sie die einzige Möglichkeit dar, medizinische Hilfe zu erhalten. Dafür mussten die Bauern allerdings den zehnten Teil ihrer Naturalien zur Unterhaltung des Klosters abliefern.

Diese klösterliche Fürsorge diente natürlich auch dem Ansehen der Kirche. Je nachdem, ob die Mönche Krankheiten heilen konnten, stieg oder sank auch die Glaubwürdigkeit der Kirche. Und diese vermutete und verfolgte heidnisches Gedankengut bei der Bevölkerung. Umso besser war es deshalb für den Stellenwert des christlichen Glaubens im Volk, wenn die Mönche im Auftrag der Kirche erfolgreich bei der Behandlung von Erkrankungen waren.

Bis zum Ende des Mittelalters und dem Beginn der Verbreitung des Buchdrucks waren die Klöster Mittler zwischen antiker Überlieferung und den neuen Erkenntnissen, die sie aus der

Behandlungspraxis gewannen. Vier bedeutende Persönlichkeiten, die das medizinische Wissen dieser Zeit verkörpern, sind Walahfrid Strabo, Hildegard von Bingen, Albertus Magnus und Paracelsus.

Walahfrid Strabo

Der Benediktinermönch Walahfrid Strabo (um 809–849) war ein bedeutender Dichter und Gelehrter. Mit 35 Jahren wurde er Abt des Benediktinerklosters auf der Insel Reichenau im Bodensee. Sein Werk beeinflußte maßgeblich das Gartenbild des Mittelalters.

Er schrieb ein botanisches Lehrgedicht über den Anbau von Arzneipflanzen, den »Hortulus«. Darin sind 23 Gartenpflanzen vorgestellt, u. a. Salbei, Raute, Eberreis (Wermut), Kürbis, Melone, Wermut, Schwertlilie, Rose, Liebstöckel, Andorn, Fenchel, Mohn, Muskateller-Salbei, Minze, Polei-Minze, Petersilie, Betonie, Odermennig und Benediktenkraut. Das Gedicht beschreibt Aussehen, Farben, symbolische Bedeutung und medizinischen Nutzen dieser Pflanzen. In Strabos Werk spiegelt sich die enge Verbindung medizinisch-botanischer Kenntnisse mit den magisch-religiösen und ästhetischen Vorstellungen des frühen Mittelalters wider.

Der therapeutische Effekt einer Pflanze wurde mit ihrer Schönheit, ihrem Duft, ihren magischen Kräften und ihren pharmakologischen Eigenschaften in Zusammenhang gebracht. Zudem finden sich Angaben über die verschiedenen Gartenarbeiten, das Pflanzen, das Säen und die Bodenbearbeitung, aus denen deutlich die eigene Praxis und genaue Naturbeobachtung des Verfassers hervorgehen. Zu der Vermehrung von Heilpflanzen schrieb Strabo: »einige ziehen wir aus Samen, andere aus alten Stämmen von altbewährter Jugend« – also aus Stecklingen.

Hildegard von Bingen

Die bedeutendste und bekannteste Frau des Mittelalters ist Hildegard von Bingen (1098–1179). Im Alter von 14 Jahren trat sie in den Benediktinerorden ein, und 1150 gründete sie auf dem Rupertsberg bei Bingen ein eigenes Frauenkloster. Hildegard von Bingen wurde als große Theologin und Heilkundige berühmt.

Ein mystisches Erlebnis inspirierte sie zu ihrem Werk »Scivias« (Wisse die Wege). Weitere bedeutende Schriften sind »Liber vitae meritorum« (Der Mensch in der Verantwortung) und »Liber divinorum operum« (Welt und Mensch). Jedem dieser drei Werke liegt eine Reihe von Visionen zugrunde. Hildegard von Bingen schilderte zunächst diese Bilder und deutete dann ihren tieferen Sinn.

Ihr umfangreiches naturkundliches Wissen verdankte sie dem Studium übersetzter arabischer Schriften und der direkten Naturbeobachtung. Die neun Bücher der »Physica« oder »Von dem inneren Wesen der verschiedenen Naturen in der Schöpfung« enthalten 3000 Einzelbeschreibungen von Pflanzen, Bäumen, Steinen, Fischen, Vögeln, Säugetieren und Reptilien. Hildegard von Bingen berichtete vom »Ursprung der Metalle« und beschrieb natürliche Wirkstoffe, die dem Menschen helfen können.

In ihrem Werk »Causae et curae« (Erkennen und Heilen) geht es um die Erhaltung der körperlichen und seelischen Gesundheit sowie um die Ursachen und Heilung von Erkrankungen. Sie werden im Zusammenhang einer allumfassenden göttlichen Ordnung gesehen und dargestellt. Obwohl ihre Bücher in lateinischer Sprache geschrieben sind, verwendete sie für die Heilpflanzen die volkstümlichen Bezeichnungen. Das medizinische Wissen der Hildegard von Bingen wird auch noch heute in Form der Hildegardis-Medizin angewendet.

Albertus Magnus

Albert von Lauingen (1193–1280), bekannt als Albertus Magnus, Doctor universalis, studierte in Padua Medizin und Philosophie. Im Alter von 30 Jahren trat er in den Dominikanerorden ein. Er wurde Bischof von Regensburg sowie Professor in Paris und Köln. Zudem war Albertus Magnus Theologe, Philosoph und Naturforscher, beschäftigte sich mit Chemie, Biologie sowie Medizin und orientierte sich an Galen, Hippokrates und Aristoteles.

Man bezichtigte ihn als Hexer, Zauberer und »Magier von Köln« der Ketzerei, weil er den Dingen auf den Grund gehen und sich nicht damit begnügen wollte, vermeintliche Tatsachen der Kirche unkritisch hinzunehmen. Albertus Magnus wurde 1931 heilig gesprochen. In seinem bedeutendsten naturwissenschaftlichen Werk »De vegetabilis libri VII« (Sieben Bücher über die Pflanzenkunde) beschrieb er detailliert 390 Pflanzenarten. Ausführlich behandelt wird darin auch die allgemeine Pflanzenzüchtung und der spezialisierte Pflanzenanbau wie Düngung, Aussaat, Schädlingsbekämpfung, Veredelung sowie der Weinanbau.

Paracelsus

Der Arzt Paracelsus (1493–1541) betrachtete den Menschen als Ganzes, eingegliedert in das Geschehen der Natur. Auch die Heilpflanzen wurden von ihm in einem ganzheitlichen Sinn zur Behandlung ausgewählt: »Die Natur zeichnet ein jegliches Gewächs ... dazu es gut ist.« Aus dieser Betrachtungsweise entwickelte er die Signaturenlehre. Sie schließt von Aussehen, Farbe oder Geruch der Pflanze auf ihre Heilwirkung. Die Walnuss sollte gegen Kopfschmerzen helfen, weil sie dem Gehirn ähnlich sieht; der gelbe Saft des Schöllkrauts gegen Gelbsucht;

die Blattrippen des Beinwells erinnern an Rippen und wurden deshalb zur Behandlung von Rippenbrüchen angewendet.

Der Klostergarten im Mittelalter

Die Gartenkultur der Mönche

Die Mönche waren im Mittelalter die wichtigsten Vermittler zwischen den verschiedenen Kulturen und Traditionen der Völker. In Italien gründeten Benediktinermönche beispielsweise die ersten Klöster auf abendländischem Boden. Dort lernten sie die hoch entwickelte römische Gartenbaukultur und Landwirtschaft kennen. Im achten und neunten Jahrhundert gelangten die Kenntnisse der Bodenbearbeitung und des Pflanzenanbaus in den Raum diesseits der Alpen. Die Benediktinermönche brachten eine große Anzahl römischer Kulturpflanzen in den Norden. Die Namen von z. B. Salbei (lateinisch *salvia*) oder Raute (lateinisch *ruta*) deuten noch darauf hin.

Neben den Benediktinermönchen waren es die Zisterzienser, die zur Entwicklung der Pflanzenzucht und Gartenkultur sowie Verbreitung der Gewächse beitrugen. Ihre strenge Ordensregel verpflichtete sie zu einer landwirtschaftlichen Erschließung von Brach- und Ödland. Wenn ein Kloster seine Mönche nicht mehr ernähren konnte, musste ein Teil der Mönche »auswandern« und ein neues Kloster gründen. Entsprechend nahmen sie dann auch Saatgut und Pflanzen mit, die in ihrem Mutterkloster vorhanden waren. Auch wenn die Mönche auf ihren Wanderungen eine neue Pflanzenart entdeckten, brachten sie diese in ihr Kloster und versuchten, sie dort zu kultivieren. Zudem gab es zwischen den Klöstern einen regen Austausch von Samen und Pflanzen, der die Verbreitung der Pflanzen und Heilkräuter ebenfalls förderte.

Die Mönche der mittelalterlichen Klöster waren die ersten, die »Gärten« mit Gemüse, Nutzpflanzen, Gewürz- und Arzneipflanzen, später auch Weinreben und Hopfen zur Produktion von Wein und Bier anlegten.

»Capitulare de villis«

Während des siebten und achten Jahrhunderts wurde die Einfuhr von Heilkräutern aus dem südlichen und östlichen Mittelmeerraum aufgrund der arabischen Feldzüge stark behindert. Deshalb rieten die Bischöfe dringend dazu, die Heilpflanzen des Mittelmeerraums durch einheimische zu ersetzen.

Um 800 erließ Karl der Große für seine Landgüter die »Capitulare de villis«, eine Verordnung, die Ackerbau und Viehzucht regelte und auch den Anbau der im folgenden genannten Heilpflanzen vorschrieb. Diese Auflistung wurde wahrscheinlich von Benediktinermönchen erstellt. Genannt werden Anis, Brunnenkresse, Petersilie, Sellerie, Sadebaum, Koloquinten, Diptam, Rainfarn, Mohn, Tausendgüldenkraut, Haselwurz, Wolfsmilch, Hauswurz, Senf, Malve, Zwiebel, Rettich, Dill, Knoblauch, Lauch, Minze, Polei-Minze, Raute, Bockshornklee, Kreuzkümmel, Liebstöckel, Fenchel, Bohnenkraut und Rosmarin. Fast alle diese Arzneipflanzen sind auch heute noch gebräuchlich.

Der Klostergarten

Die Wirtschaftsstruktur der Klöster war autark, das heißt die Mönche waren Selbstversorger. Eine wichtige Regel der Benediktinermönche lautete: »Wenn immer möglich, soll das Kloster so angelegt sein, daß alles Notwendige, das heißt Wasser, Mühle, Garten und Werkstätten, in denen die verschiedenen Handwerke ausgeübt werden, innerhalb der Klostermauern sich befindet.« Der »St. Gallener Klosterplan« ist ein frühes

Zeugnis dieser Bemühungen. Er entstand um 820 als Bauplan für das Kloster St. Gallen, wurde jedoch niemals verwirklicht. Auf diesem Plan ist eine deutliche Unterscheidung zwischen Nutzgarten (*hortus*) und Kräutergarten (*herbularius*) zu erkennen.

Die Organisation der Heilkunde in den Klöstern

Die Mönche betätigten sich als Ärzte und als Apotheker. Sie besaßen umfassende Kenntnisse über die Herstellung von Arzneien, Tinkturen, Salben, Kräutertees sowie -likören. Jedes Kloster besaß auch einen Arzneipflanzengarten, den Offizinalgarten, in dem alle Heilkräuter, die dort vom Klima her wachsen konnten, angebaut wurden. Arzneigärtner, Klosterapotheker, Krankenpfleger und Mönchsärzte arbeiteten hier nach strengen Regeln zusammen.

Der Offizinalgarten lag direkt neben dem Krankenraum, dem Ärztehaus und der Klosterapotheke. Hier wurden die unterschiedlichsten Salben, Tinkturen und Medikamente hergestellt und immer ein bestimmter Vorrat von Arzneien und Heilpflanzen bereit gehalten, der aus dem Klostergarten ständig ergänzt wurde. 75 Nutz- und Heilpflanzen mussten vorrätig sein und die Pflanzenbilder sowie Rezepturen »seien ständig zu studieren«, um die Kranken nach den neuesten Erkenntnissen pflegen und heilen zu können – so verlangte es die Ordensregel der Benediktiner.

Die verwendeten Arzneidrogen stammten zu vier Fünfteln aus dem Pflanzenreich und wurden anfangs nur getrocknet: Wurzeln, Blätter, Blüten, Samen oder aber die ganze Pflanze. Der Begriff Droge ist dem mittelhochdeutschen Wort *drög* (trocken) entlehnt. Selten wendete man die Heilkräuter einzeln an, üblich waren Kombinationen aus bis zu zwölf verschiedenen – manchmal sogar bis zu 100 – Pflanzen.

Im Laufe der Zeit und mit zunehmender Erfahrung verfeinerten die Mönche ihre Methoden der Arzneiherstellung: Sie gewannen Kräuterauszüge oder destillierte Liköre sowie Schnäpse. Der Grundgedanke dabei war, die Heilkraft der Pflanze zu konzentrieren und das Unwirksame vom Wirksamen zu »scheiden«. Das jahrhundertealte, überlieferte und immer wieder durch neue Erkenntnisse ergänzte Heilwissen der Klöster ist die Basis der heutigen Pflanzenheilkunde.

Pflanzenheilkunde heute: pro und contra

Die Pflanzenheilkunde oder Phytotherapie ist eine uralte Heilmethode. Denn schon in der Antike und im Mittelalter wurden vorwiegend pflanzliche Mittel gegen Krankheiten eingesetzt. Diese werden in Mite- und Forte-Phytotherapeutika eingeteilt, also in schwach und stark wirksame pflanzliche Arzneidrogen. Die Kennzeichnung »schwach« ist jedoch keinesfalls gleichzusetzen mit wirkungslos oder Placebo. Sie bedeutet, dass dieses Mittel bei richtiger Anwendung so gut wie keine schädlichen Nebenwirkungen hat.

Die Inhaltsstoffe der Forte-Arzneipflanzen haben unter Umständen jedoch schwerwiegende Nebenwirkungen und sind deshalb auch verschreibungspflichtig. Hierzu zählen beispielsweise Digitalis aus dem roten Fingerhut, Colchicin der Herbstzeitlose oder Atropin Belladonna der Tollkirsche.

Die Wirkung der pflanzlichen Heilmittel

Mit Heilpflanzen werden nicht nur bestehende Erkrankungen behandelt, sondern auch Vorbeugung betrieben. Benutzt werden die ganze Pflanze, Teile davon oder Zubereitungen.

Pflanzliche Arzneimittel wirken langsam, d. h., ein Behandlungserfolg setzt in der Regel erst nach einem längeren Zeitraum ein. Deshalb eignen sie sich gut zur Behandlung chronischer Beschwerden. Die chemisch hergestellten Präparate wirken hingegen schneller und sind bei schweren Krankheiten und/oder unerträglichen Schmerzen eher das Mittel der Wahl. Die Phytotherapie wird zum einen als Komplementärmedizin (ergänzende Medizin) eingesetzt, zum anderen versteht sie sich als ganzheitliche Heilkunde, wie sie auch schon im Mittelalter praktiziert wurde.

Die heutige, moderne Phytotherapie hat ihre Wurzeln in der Pflanzenheilkunde der Antike und des Mittelalters. Sie wurde gründlich erforscht und größtenteils bestätigt. Manches wurde aber auch als unhaltbar verworfen.

Die Homöopathie

Die Phytotherapie darf nicht mit der Homöopathie verwechselt werden, mit der sie oft in einen Topf geworfen wird. Die Verwendung pflanzlicher Arzneimittel nach homöopathischen Gesichtspunkten ist etwas grundsätzlich anderes.

Die Homöopathie beruht auf den Beobachtungen und Theorien des Arztes Samuel Hahnemann (1755–1843). Durch Selbstversuche mit der Chinarinde, die gegen Malaria eingesetzt wurde, kam er zu dem Schluss, dass derselbe Stoff (mineralisch, pflanzlich oder tierisch), der in hoher Konzentration beim gesunden Menschen Krankheitssymptome hervorruft, in starker Verdünnung die Krankheit heilt. Die konzentrierte Ausgangssubstanz der jeweiligen Heilpflanze ist die Urtinktur. Sie wird so kräftig verdünnt (potenziert), dass ihre Wirkstoffe messbar nicht mehr vorhanden sind: Eine D_1-Potenz bedeutet, dass zehn Milliliter der Urtinktur mit 90 Milliliter Lösungsmittel verdünnt werden. Bei der D_2-Potenz werden wiederum zehn Milliliter der D_1-Substanz mit 90 Milliliter Lösungsmittel verdünnt.

Und bei der D_3-Potenz nimmt man zehn Milliliter der D_2-Substanz, die man mit 90 Milliliter Lösungsmittel verdünnt etc.

Die Kommission E

Die heutige Pflanzenheilkunde steht vor dem Dilemma, dass die Heilwirkung der Arzneipflanzen unbestritten ist, man aber immer noch nicht genau weiß, warum und wie Pflanzenstoffe wirken. Denn Heilpflanzen lassen sich nicht nach den gleichen Kriterien beurteilen wie Medikamente aus der Retorte.

1976 wurde die Pflanzenheilkunde für gleichberechtigt neben der konservativen Medizin, der sogenannten Schulmedizin, erklärt. Ihre medizinischen Erfolge sollten nun auch wissenschaftlich untersucht werden. Ein Gremium aus Sachverständigen wurde gegründet: die »Zulassungs- und Aufbereitungskommission für den humanmedizinischen Bereich, phytotherapeutische Therapierichtung und Stoffgruppe«, kurz »Kommission E« genannt. Diese nahm ihre Arbeit 1978 auf und legte ihre Ergebnisse 1989 der Öffentlichkeit vor. Sie untersuchte 250 giftige und ungiftige Heilpflanzen und bewertete die Wirksamkeit ihrer Inhaltsstoffe. Dabei wurde jede Pflanze sowohl als Ganzes wie auch ihre Teile und Zubereitungen aus der ganzen Pflanze oder Pflanzenteile untersucht. Ihre Wirkstoffe wurden als Reinsubstanz isoliert und ebenfalls analysiert.

Eine Heilpflanze besteht aber nicht nur aus einem Wirkstoff oder einer Reinsubstanz, sondern aus einer Vielzahl sehr komplexer Inhaltsstoffe, die sich gegenseitig beeinflussen. In zahlreichen Versuchen hat sich gezeigt, dass eine Arzneipflanze als Ganzes anders wirkt als ihre isolierten Wirkstoffe. Die Pflanze ist ein Lebewesen, das eigenen Gesetzen folgt, und deshalb ist es schwierig, sie zu analysieren. Ihr Wirkstoffgehalt ändert sich bereits, wenn sie an einem anderen Standort wächst oder einem raueren Klima als ihre Artgenossen ausgesetzt ist.

Selbstmedikation: Anwendungsmöglichkeiten und Grenzen

Die wissenschaftliche Phytotherapie steht zwischen zwei entgegengesetzten Polen. Auf der einen Seite die wissenschaftliche Medizin mit den beiden Zweigen der Pharmakologie und der Klinik; beide möchten von den Phytotherapie nur das anerkennen und annehmen, was in ihre Arbeitsgebiete hineinpasst ... Der andere Pol sind die Belange der ärztlichen Praxis, die nicht nur diese stark und schnell wirksamen Mittel benötigt, sondern gerade auch die milden, dafür weniger toxischen Heilpflanzen, also die Mite-Phytotherapeutika. Sie kann und muss langdauernd behandeln ... Hier bestehen dann auch die Übergänge zu dem großen Gebiet der Naturheilkunde, wo die starken und risikoreichen Mittel überhaupt abgelehnt werden ... Die wissenschaftliche Phytotherapie ist der Mittelweg zwischen den beiden Extremen.

RUDOLF FRITZ WEISS,
»LEHRBUCH DER PHYTOTHERAPIE«

Nicht jede Erkrankung kann mit Pflanzen geheilt und nicht jede Operation durch sie verhindert werden. Aber viele bereits entstandene Leiden können durch die richtige und rechtzeitige Anwendung von Heilkräutern auskuriert werden.

Für die Selbstbehandlung kommen nur die Mite-Pflanzen in Frage, also die schwach wirksamen Phytotherapeutika (siehe Seite 23). Auch pflanzliche Heilmittel dürfen Sie nicht nach dem Motto »viel hilft viel« anwenden. Richten Sie sich genau nach den Einnahmevorschriften, die beim Pflanzenportrait der jeweiligen Arzneipflanze angegeben sind (siehe Seite 35ff.).

Halten Sie auch die Anwendungsdauer gewissenhaft ein, denn bei manchen Pflanzen stellt sich bei einer ständigen Einnahme der gegenteilige Effekt ein.

Nicht wenige der schwach wirksamen pflanzlichen Heilmittel werden als »schwach« eingestuft, weil sie mit den gleichen Methoden geprüft wurden wie starke, verschreibungspflichtige Medikamente. Baldrian ruft beispielsweise keine zentrale Lähmung des Schlafzentrums im Gehirn hervor wie die Barbiturate, die frühen chemischen Schlafmittel. Trotzdem ist seine schlaffördernde Wirkung eine bewiesene Tatsache. Generell gilt auch für die »schwachen« Pflanzenheilmittel, dass sie bei längerer Anwendung oder Überdosierung keine auffallenden, unerwünschten Nebenwirkungen zeigen.

Grenzen der Selbstbehandlung

Bei vielen Alltagsbeschwerden ist es selbstverständlich angebracht, aus dem Naturangebot auszuwählen und zu versuchen, die Beschwerden zu lindern und auszukurieren. Wenn jedoch innerhalb von drei Wochen keine Besserung eintritt, sollten Sie einen Arzt aufsuchen. Das gilt ebenso, wenn die Beschwerden anfänglich nachlassen, nach Beendigung der Kur aber wieder auftreten. Auch wenn während oder nach der Behandlung allergische Reaktionen auftreten oder es zu Atem- und/oder Kreislaufbeschwerden kommt, müssen Sie unbedingt einen Arzt konsultieren. Grundsätzlich ist es angebracht, sich vor jeder länger andauernden Heilkräuteranwendung beim Arzt zu informieren, besonders dann, wenn Sie an chronischen Erkrankungen leiden.

Infektiöse, mit hohem Fieber einhergehende, extrem schmerzhafte und schwere internistische Erkrankungen gehören immer in ärztliche Behandlung. Zusätzlich ist es bestimmt empfehlenswert, die jeweils geeigneten Heilpflanzen zur Unterstützung der ärztlichen Behandlung zu verwenden. Fragen Sie aber auf jeden Fall vorher Ihren Arzt!

Anwendungsgebiete

- Bei der Behandlung von Atemwegserkrankungen spielen die pflanzlichen Heilmittel schon immer eine große Rolle. Hustentees, -tropfen und -säfte gehören zu den meistverkauften Arzneimitteln. Bei Husten, Keuchhusten, chronischer Bronchitis und Asthma wirken Huflattich und Spitzwegerich schleimlösend und entkrampfend, Thymian krampflösend, Fenchel, Anis sowie Bibernelle fördern den Auswurf.
- Bei Schleimhauterkrankungen von Mund und Rachen sind Mundspülungen und Gurgeln die zuverlässigsten Heilmittel. Sie erzielen eine Reinigung und stärkere Durchblutung der Schleimhäute und wirken schmerzstillend. Die Krankheitsdauer wird abgekürzt, und die akuten Beschwerden klingen schnell ab. Bei akuter Entzündung der Mundschleimhaut sowie chronischer Heiserkeit mit Reizhusten und Schluckbeschwerden eignet sich Salbei gut. Gegen Mandel- und Zahnfleischentzündungen helfen Kamille und Salbei.
- Auf dem Gebiet der Magen-Darm-Erkrankungen hat die Pflanzenheilkunde ebenfalls eine sehr große Bedeutung. Oft reicht schon die pflanzliche Therapie zusätzlich zu den diätetischen Maßnahmen aus.

  Gerade bei den Magen-Darm-Störungen zeigt der Gebrauch von Heiltees großen Erfolg.

  Bei akuter Gastritis haben sich Kamillentee, Leinsamenschleim und Hopfentee bewährt.

  Kamillentee hilft auch bei Magengeschwüren, krampfartigen Magen- und Darmbeschwerden, bei Kolitis und Gärungen im Darm. Melissentee wirkt krampfstillend und beruhigend bei nervösem Magenleiden. Fencheltee löst Krämpfe in

Magen und Darm. Mit Pfefferminztee lassen sich Übelkeit und Erbrechen, Verdauungsstörungen sowie Erkrankungen der Gallenblase behandeln.

Kümmeltee wirkt verdauungsfördernd. Wermuttee ist gut geeignet bei chronischen Magen- und Gallenbeschwerden. Er fördert zudem die Verdauung.

Bei Gallenleiden hat sich auch Schafgarbentee bewährt. Er wirkt entzündungshemmend, krampflösend und verdauungsfördernd.

Tee aus Löwenzahn beugt der Entstehung von Gallensteinen vor. Er ist zudem heilsam bei allen anderen Erkrankungen der Gallenwege.

Lavendeltee wirkt gallefördernd und unterstützt die Fettverdauung.

Gegen Durchfall ist ein Tee aus Gänsefingerkraut ziemlich hilfreich.

Und bei Darmträgheit helfen zerstoßener Leinsamen, ebenso auch gepresste Knoblauchzehen in kleinen Mengen.

Auch Rettich wirkt anregend auf den Darm und verdauungsfördernd, zumal er das Abfließen von Gallensaft in den Darm erleichtert.

Teezubereitungen aus Mariendistel sind appetitanregend und haben eine regelrechte Leberschutzwirkung. Sie werden bei chronischer Hepatitis, bei Fettleber und zur Nachbehandlung einer akuten Hepatitis eingesetzt.

- Bei entzündlichen Erkrankungen von Blase und Harnwegen kommen die harntreibenden Heilpflanzen zum Einsatz.

  Zwei bis drei Liter Wasser alleine würden die Harnorgane ebenso durchspülen, aber der Erfolg ist wesentlich größer, wenn die günstigen Eigenschaften der jeweiligen Pflanze hinzukommen. Hier wirken besonders Teezubereitungen aus Liebstöckel, Birkenblättern oder Brennnesseln.

- Degenerative Erkrankungen der Kreislauforgane treten heute häufiger auf als noch vor einigen Jahrzehnten und sind eine Folge von Rauchen, Übergewicht und Bewegungsmangel.

Gegen Arteriosklerose hilft frischer Knoblauch.

Bei Krampfadern haben sich Rosskastanie und Raute bewährt.

❦ Auch für die chronischen Erkrankungen des rheumatischen Formenkreises (Arthrosen, Gelenkrheuma, Weichteilrheuma) gibt es wirksame Heilpflanzen.

Erstrebt wird eine möglichst tiefgreifende Umstellung des Stoffwechselgeschehens, was z. B. mit der kurmäßigen Anwendung von Löwenzahn und Brennnessel erreicht werden kann.

❦ Nervosität und/oder seelische Erschöpfungszustände sind heutzutage weit verbreitet. Das Pflanzenreich liefert hier viele wirksame Mittel.

Baldrian, Hopfen, Melisse, Lavendel und Hafer dienen der Dämpfung von nervösen Erregungszuständen und der Förderung des Einschlafens. Die Intensität ihrer Wirkung ist sehr verschieden.

Bei depressiven Verstimmungen und seelisch bedingter Antriebsschwäche wirkt Johanniskraut stimmungsaufhellend.

Rosmarin hilft bei niedrigem Blutdruck und allgemeiner Kreislaufschwäche.

❦ Zur Behandlung von Geschwüren, offenen Beinen und Hautfurunkeln ist Beinwell das Mittel der Wahl.

Auch Breiumschläge mit Leinsamen haben sich bewährt.

Eine Furunkulose sollte jedoch vor allem von innen her durch eine Ernährungs- und Trinkumstellung sowie mit Hilfe geeigneter Medikamente behandelt werden, um eine Stoffwechseländerung zu erreichen.

❦ Schmerzen im Unterleib, wie sie bei der Menstruation auftreten können, lassen sich gut mit Kamille, Schafgarbe, Raute und Frauenmantel behandeln.

Bei Ausfluss *(Fluor albus)* sind Waschungen mit Kamille oder Salbei sinnvoll. Raute unterstützt auch das Wiedereinsetzen der Menstruation und wirkt blutungsfördernd.

❦ Die Natur bietet eine reiche Auswahl an Heilkräutern, die die allgemeine Immunabwehr steigern. Beispiele hierfür sind Holunder, Linde und Salbei.

Die Wirkstoffgruppen der Heilpflanzen

Jede beliebige Arzneipflanze enthält neben ihren Hauptwirkstoffen auch eine Anzahl von Nebenwirkstoffen, die Begleitstoffe. Haupt- und Begleitstoffe beeinflussen sich gegenseitig in ihrer Wirkung. Wenn sie voneinander isoliert werden, ist der Heileffekt der betreffenden Pflanze insgesamt schwächer.

Eine Arzneipflanze besteht wie alle Pflanzen aus Zellulose, Eiweiß, Stärke, Vitaminen, Mineralsalzen und enthält zusätzlich verschiedene andere Stoffgruppen. Je nach Art sind es Alkaloide, ätherische Öle, Bitter-, Gerb-, und Schleimstoffe, Glykoside sowie manchmal auch Pflanzenhormone.

Alkaloide

Alkaloide sind stickstoffhaltige, organische Verbindungen. Mit Säuren bilden sie wasserlösliche Salze und gehören zu den stärksten Pflanzenwirkstoffen – meistens sind sie hochgiftig. In entsprechender Dosierung haben sie eine starke Wirkung und greifen direkt in den Organstoffwechsel ein.

Die Forte-Phytotherapeutika wie z. B. Tollkirsche, Herbstzeitlose, Eisenhut, Schlafmohn, Bilsenkraut sind verschreibungspflichtig. Die Alkaloide von Baldrian, Zwiebeln und Knoblauch sind ungiftig.

Ätherische Öle

Ätherische Öle sind stark riechende, leicht flüchtige, dünnflüssige, ölige Stoffe. Ihr nichtflüchtiger Anteil enthält Farb-, Gerb-, Bitter- oder Scharfstoffe. Sie kommen in vielen Pflanzen vor, besonders in den Gewürzpflanzen. Ihre Heilwirkung ist sehr vielfältig.

Äußerlich angewendet wirken sie hautreizend und durchblutungsfördernd, z. B. das ätherische Öl des Rosmarins.

Innerlich angewendet haben die ätherischen Öle zudem eine krampflösende, desinfizierende, entzündungshemmende, verdauungsfördernde oder appetitanregende Wirkung.

Die ätherischen Öle von Fenchel, Anis, Thymian, Salbei und Pfefferminze sind häufig in Hustenmitteln enthalten. Sie werden teilweise wieder über die Lungen ausgeschieden und entfalten dort ihre auswurffördernde, krampflösende sowie entzündungshemmende Wirkung.

Die ätherischen Öle von Löwenzahn, Tausendgüldenkraut und Wermutkraut wirken verdauungsfördernd und appetitanregend, da sie die Geruchs- und Geschmacksnerven sowie die den Magensaft produzierenden Drüsen der Magenschleimhaut anregen.

Die ätherischen Öle von z. B. Fenchel, Kümmel, Kamille, Knoblauch lindern Blähungen und wirken krampflösend.

Bitterstoffe

Die Bitterstoffe sind keine einheitlich chemische Stoffklasse. Selbst in hoher Verdünnung schmecken sie bitter, was sich auch nicht mit der Zugabe von Zucker oder Honig ändern lässt.

Die Bitterstoffe steigern die Magensaftproduktion und die Gallensekretion. Dadurch wirken sie verdauungsfördernd und appetitanregend. Heilpflanzen mit Bitterstoffen enthalten oft noch ätherische Öle, die diese Wirkung verstärken. Bekannte Vertreter sind Wermut und Tausendgüldenkraut.

Gerbstoffe

Gerbstoffe wirken zusammenziehend (adstringierend). Früher waren sie beispielsweise die einzigen Mittel, mit denen Leder gegerbt und dadurch haltbar gemacht werden konnte. Gerbstoffe überführen Eiweiße in unlösliche Verbindungen. Bei der inneren oder äußeren Anwendung bewirken sie eine oberflächliche Verdichtung der Schleimhaut, die so zu einer schützenden Membran wird.

Mit gerbstoffhaltigen Pflanzen werden chronische Entzündungen der Mundschleimhaut und Durchfallerkrankungen behandelt. In größeren Mengen wirken sie reizend auf Magen und Darm. Bei anhaltendem Gebrauch können sie Leberschäden verursachen. Eine bekannte Vertreterin der gerbstoffhaltigen Pflanzen ist die Heidelbeere.

Glykoside

Glykoside sind Verbindungen aus einem Zucker (Glucose) und einem Nicht-Zucker, dem Aglycon. Das Aglycon bestimmt die Wirkung. Bekannt sind die Herzglykoside des roten Fingerhuts. Flavonoide und Saponine werden häufig zu den Glykosiden gezählt.

- Flavonoide sind pflanzliche Farbstoffe, die mit den Gerbstoffen verwandt sind. Sie besitzen sehr unterschiedliche chemische Eigenschaften, treten aber als Hauptwirkstoff selten auf.
- Wenn Saponine mit Wasser aufgeschüttelt werden, schäumen sie wie Seife. Diese Eigenschaft gab ihnen ihren Namen, abgeleitet vom lateinischen *sapo* (Seife). Sie setzen die Ober-

flächenspannung des Wassers herab und sind in der Lage, Fette in Wasser zu emulgieren, also feinstmöglichst zu verteilen. Saponine begünstigen die Aufnahme anderer pflanzlicher Wirkstoffe aus dem Darm in die Blutbahn. Sie wirken harntreibend, schleimlösend und erhöhen die Fließgeschwindigkeit des Bluts in den Kapillaren.

Bei Überdosierung von Saponinen kann es zu Darmschleimhautreizungen sowie Übelkeit und Erbrechen kommen.

Schleimstoffe

Schleimstoffe sind stärkehaltige Substanzen, die unter Zugabe von Wasser stark aufquellen. Sie schützen die Schleimhäute und wirken entzündungshemmend.

Die pflanzlichen Schleimstoffe legen sich als feiner Film über die entzündeten Schleimhäute von Mund und Rachen, der Atemwege sowie des Magens oder Darms. Sie binden Sekrete und reizend wirkende Zersetzungsprodukte und schützen so die Schleimhäute. Schleimstoffhaltige Pflanzen wirken auch mild abführend. Da sie Wasser binden, quillt der Darminhalt auf, und durch das größere Volumen wird der Darm zu verstärkten Bewegungen angeregt. Vor allem der Leinsamen ist wegen der Wirkung seiner Schleimstoffe bekannt.

Die Verwendung von Heilpflanzen

In der Regel verwendet man Heilpflanzen in getrockneter Form. Denn beim Trocknen verliert die Pflanze nur Wasser – ihre Wirkstoffe bleiben jedoch erhalten. Bei der Herstellung der verschiedenen Rezepturen werden sie durch ein Lösungsmittel wieder wirksam.

Teezubereitung

Die einfachste und bekannteste Art, Pflanzen als Heilmittel zu verwenden, ist die Teezubereitung. Dabei werden die jeweiligen Pflanzenteile entweder gekocht (Rinden, Wurzeln) oder nur mit heißem Wasser aufgebrüht. Alle Drogen, die ätherische Öle enthalten, bereiten Sie als Aufguss (pharmazeutische Bezeichnung: Infus) zu: Sie übergießen diese nur mit heißem Wasser und lassen sie dann fünf bis zehn Minuten ziehen. Für jede Heilpflanze gibt es unterschiedliche Teezubereitungsarten. Genaue Anweisungen finden Sie bei den einzelnen Pflanzenportraits (ab Seite 35).

Abkochung (Dekokt)

Um die Wirkstoffe aus harten Pflanzenteilen wie Wurzeln oder Rinden herauszulösen, werden diese je nach Pflanzenart fünf bis zehn Minuten abgekocht. Anschließend lassen Sie diese noch fünf bis zehn Minuten ziehen und filtern sie dann ab.

Kaltwasserauszug (Mazerat)

Manche Heilkräuter besitzen einen hohen Schleimstoffgehalt, auf denen ihre medizinische Wirkung beruht. Diese wirksamen Schleimstoffe werden durch einen Kaltwasserauszug aus den getrockneten Pflanzenteilen herausgelöst. Dazu übergießen Sie sie mit kaltem Wasser. Diesen Aufguss lassen Sie zehn bis zwölf Stunden stehen und seihen ihn dann ab. Auf diese Weise werden auch geschmacklich unerwünschte Gerbstoffe entfernt, die sonst die Einnahme der Droge unmöglich machen würden.

Alkoholischer Auszug (Tinktur)

Von selbst hergestellten alkoholischen Auszügen ist abzuraten. Ihr Gehalt an Wirkstoffen ist nicht bekannt. Daher ist es besser, auf standardisierte Zubereitungen aus der Apotheke zurückzugreifen. Tinkturen werden immer mit Wasser verdünnt und tropfenweise eingenommen.

Extrakte

Die Heilpflanze oder Teile davon werden getrocknet, pulverisiert und mit einem Lösungsmittel (Wasser, Äther, Alkohol) versetzt. Diese Mischung wird dann so lange verdampft, bis die gewünschte Konzentration erreicht ist. Es gibt flüssige und breiartige Extrakte – je nachdem wie hoch konzentriert die Wirkstoffe sind. Die Herstellung ist sehr aufwendig und im normalen Haushalt nicht möglich.

Frischsäfte

Die frische Arzneipflanze wird zerkleinert und ausgepresst, am einfachsten in einem Entsafter. Diese Zubereitungsart empfiehlt sich, wenn Sie mit den jeweiligen Heilkräutern eine Kur zur Entschlackung, Blutreinigung und/oder Stärkung der allgemeinen Abwehrkräfte durchführen wollen.

Sirup

Wenn Sie den frischen Pflanzensaft mit Zucker oder Honig einkochen, erhalten Sie Sirup, der in konzentrierter Form die Wirkstoffe der verwendeten Heilpflanze enthält. Sie können diesen zur Geschmacksverbesserung und Erhöhung des gewünschten Wirkstoffgehalts von Teezubereitungen einsetzen.

Salbe (Unguentum) und Zäpfchen (Suppositorien)

Zur Herstellung von Salben werden Tinkturen oder Extrakte der jeweils geeigneten Heilpflanze verwendet. Zäpfchen bereitet man aus den pulverisierten Arzneipflanzen oder ihren Extrakten zu. Die Herstellung von Kräuterzäpfchen ist kompliziert und im normalen Haushalt nicht möglich.

Kräuteröle

Für die Zubereitung von Kräuterölen eignen sich besonders die Heilpflanzen, die einen hohen Gehalt an ätherischen Ölen besitzen. Dazu versetzen Sie ein gutes Speiseöl mit der entsprechenden Menge geeigneter Kräuter und lassen diese Mixtur einige Wochen durchziehen. Kräuteröle werden für Einreibungen und als Massageöl verwendet. Manche sind auch beliebte Gewürzöle in der Küche.

Breiumschlag (Kataplasma)

Für einen Breiumschlag werden Samenkörner oder frische Blätter verwendet. Die Samen werden zermahlen, dann mit etwas Wasser zu einem Brei angerührt und an der betroffenen Stelle aufgebracht. Frische Blätter zerquetscht man und legt sie auf die zu behandelnde Stelle. Breiumschläge beschleunigen die Heilung und regen den Stoffwechsel sowie die Durchblutung der entsprechenden Hautbezirke an.

Badezusätze (Phytobalneologie)

Zu unterscheiden ist zwischen Kräuterbädern, die rein kosmetischen Zwecken dienen, und solchen, die eine heilende Wirkung haben. Es ist erwiesen, daß die Wirkstoffe der verwendeten Arzneipflanze über die Haut und die Atmung aufgenommen werden, besonders dann, wenn sie ätherische Öle enthält. Kräuterbäder wirken je nach benutzter Droge durchblutungsfördernd, anregend, beruhigend, entzündungshemmend. Oder aber sie unterstützen die Heilung von Hauterkrankungen und Krankheiten des rheumatischen Formenkreises.

Mittel zum Gurgeln, Spülen und Inhalieren

Diese Maßnahmen helfen bei Entzündungen und Katarrhen der oberen Luftwege sowie bei Infektionen der Mund- und Rachenschleimhäute. Sie wirken, je nachdem welches Heilkraut Sie verwenden, abschwellend, entzündungshemmend, krampf- oder schleimlösend. Generell fördern Gurgeln, Spülen und Inhalieren die Durchblutung sowie Befeuchtung der Schleimhäute. Dadurch wird deren Stoffwechsel und ihre Reinigung angeregt, was wiederum den Heilungsprozess beschleunigt. Zum Gurgeln oder Spülen bereiten Sie nach Rezept einen Tee aus der geeigneten Heilpflanze zu. Mit der warmen Lösung gurgeln Sie etwa zwei Minuten lang, oder Sie spülen damit fünf Minuten lang den Mundraum aus.

Zum Inhalieren benötigen Sie ebenfalls eine Teezubereitung aus der entsprechenden Arzneipflanze. Für einen halben Liter Lösung setzen Sie die dreifache Menge des Heilkrauts an, die für eine Tasse Tee angegeben ist. Legen Sie die entsprechende Menge des Krauts in eine flache Schüssel, und gießen Sie einen halben Liter heißes Wasser darüber. Beugen Sie den Kopf über die Schüssel, und bedecken Sie mit einem großen Handtuch Ihren Kopf und das Gefäß. Atmen Sie mit tiefen sowie ruhigen Atemzügen die aufsteigenden Dämpfe ein. Inhalieren Sie mindestens acht bis zehn Minuten, allerdings nie länger als 20 Minuten.

Pflanzenportraits

Im Folgenden werden die Heilkräuter vorgestellt, die schon in der Klostermedizin des Mittelalters verwendet wurden. Viele Arzneipflanzen führen die botanische Benennung *officinalis*, die zusätzlich darauf hinweist, dass diese Heilkräuter in den Klostergärten angebaut wurden.

Bei den Anwendungshinweisen wurden nur Heilerfolge berücksichtigt, die von der Kommission E (siehe Seite 21) mit wissenschaftlichen Methoden nachgewiesen wurden. In den meisten Fällen bewahrheitete sich jedoch das Heilwissen der Mönche – nur ganz selten musste das Anwendungsgebiet einer Arzneipflanze verworfen werden.

Volksheilkunde und Homöopathie kennen jedoch noch viele andere Heilzwecke der Arzneipflanzen, die nach den strengen Regeln der Kommission E nicht beweisbar waren und deshalb nicht in die Monographien der hier vorgestellten Heilkräuter aufgenommen wurden.

Anis

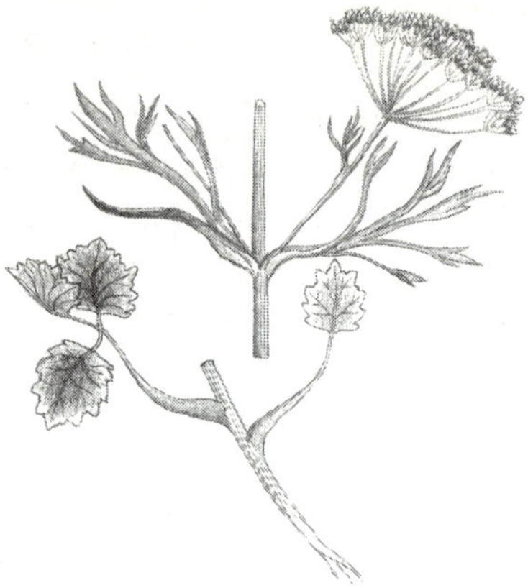

Botanischer Name

Pimpinella anisum

Er gehört zur Familie der Doldengewächse.

Volkstümliche Namen

Bibernell, Brotsamen, Pimpinelle, Römischer Fenchel, Runder Fenchel, Süßer Kümmel

Aussehen, Geruch, Geschmack

Die Anispflanze wird bis zu 60 Zentimeter hoch. Ihre Stengel sind fein behaart und gerippt. Die weißen Blüten stehen in breiten Dolden am oberen Stengelende. Anissamen sind birnenförmig, seitlich abgeplattet und haben eine helle, grünlichgraue Farbe.

Die ganze Pflanze duftet würzig, kräftig und verbreitet einen aromatischen Geruch. Die Samen schmecken ebenso.

Standort, Blüte- und Erntezeit

Anis war ursprünglich im östlichen Mittelmeerraum heimisch und wird auch heute hauptsächlich in den Mittelmeerländern angebaut. Die Pflanze braucht viel Sonne, ein feuchtwarmes Klima und gedeiht sehr gut auf sandigem Lehmboden.

Je nach Standort blüht Anis von Mai bis August und wird von Juli bis September gesammelt.

Verwendete Pflanzenteile

Wenn die Dolden sich gelbbraun färben, werden sie abgeschnitten, gebündelt und kopfüber luftig sowie trocken aufgehängt. Breiten Sie unter den Bündeln ein Tuch aus. Sobald die Samen vollends ausgereift sind, können Sie sie mühelos aus den Dolden herausklopfen.

Wirksame Inhaltsstoffe

Die Anissamen *(Fructus anisi)* enthalten das ätherische Öl trans-Anethol, außerdem Methylchavicol und Anisaldehyd. Diese Inhaltsstoffe wirken schleim- und krampflösend sowie schwach antibakteriell. Das ätherische Öl beschleunigt die Bewegungen der Flimmerhärchen und fördert dadurch das Abhusten von Schleim.

Es wirkt krampflösend bei Magen- und Darmbeschwerden und vertreibt Blähungen.

Geschichte und Mythologie

Der aromatische Samen war schon früh im gesamten Mittelmeerraum bekannt. Er wurde zum Brotbacken verwendet, daher der Name Brotsamen, und diente als Würze für Schweinefleisch, weshalb man ihn auch Süßer Kümmel nennt. Im Mittelalter galt Anis als potenzfördernd: »Enyß in Speis gegessen bringet Begirde zu ehelichen Werken.«

Anwendung in der Klostermedizin

In seiner ursprünglichen Heimat war Anis als Heilpflanze und Gewürz sehr geschätzt. Die Ärzte des Mittelalters behandelten mit Anis Erkältungen, Magen- und Darmkrämpfe, Blähungen, Magenschwäche und Appetitlosigkeit.

Wissenschaftlich empfohlene Anwendung

Wegen seiner schleimlösenden Wirkung wird Anis bei Katarrhen der Atemwege angewendet.
Aufgrund seiner krampflösenden Eigenschaften hilft er auch bei Magen-Darm-Beschwerden.

Bei sachgemäßer Anwendung sind Nebenwirkungen nicht zu befürchten. Wechselwirkungen mit anderen Heilmitteln sind bisher nicht bekannt.

Anwendungsformen

Anissamen können als Tee getrunken werden. Den Anistee kann man auch inhalieren.
Für die Zubereitung von Anistee zerquetschen Sie ein bis zwei Teelöffel der Samen im Mörser und überbrühen diese mit einer Tasse heißem Wasser. Zugedeckt zehn Minuten lang ziehen lassen, dann abseihen. Trinken Sie morgens und abends je eine Tasse Anistee.

Zum Inhalieren überbrühen Sie fünf Teelöffel zerquetschte Anissamen mit einem halben Liter Wasser, lassen diesen Aufguss aber nicht ziehen, sondern inhalieren sofort die aufsteigenden Dämpfe.

Ungemahlener Anissamen behält seine Wirksamkeit etwa ein Jahr. Er läßt sich leicht im Mörser zerkleinern.

Warnhinweise

Es können allergische Reaktionen der Haut, Schleimhäute, Atemwege und des Magen-Darm-Trakts auftreten. Sie sind auf eine Unverträglichkeit gegen Anis oder dessen ätherisches Öl zurückzuführen. In solchen Fällen darf Anis nicht mehr angewendet werden.
Ebenso nicht bei einer bereits bekannten Allergie gegen Anis oder Anisöl. Wenn Sie eine Allergie gegen Fenchel oder Fenchelöl haben, dürfen Sie Anis auch nicht verwenden, da die ätherischen Öle in Anis und Fenchel miteinander verwandt sind.

Baldrian

Botanischer Name
Valeriana officinalis
Er gehört zur Familie der Baldriangewächse.

Volkstümliche Namen
Wendwurzel, Hexenkraut, Stinkwurz, Katzenkraut, Augenwurz

Aussehen, Geruch und Geschmack

Baldrian wird bis zu einem Meter hoch. Der kurze, walzenförmige Wurzelstock treibt nach allen Seiten lange, gelbbraune Wurzeln aus. Die Blätter sind gefiedert, die aufrechten Stengel gefurcht und mit kurzen Härchen besetzt. An ihrem Ende sitzen die kleinen, hellvioletten bis weißen Blüten.
Diese duften sehr intensiv im Gegensatz zu den frisch geernteten Wurzeln, die fast geruchlos sind. Erst nach dem Trocknen entwickelt sich ihr typischer Baldrianduft, wobei Wurzeln von feuchten Standorten einen durchdringenden, unangenehmen Geruch bekommen. Der Geschmack der Wurzeln ist leicht bitter sowie scharf und erinnert an Kampfer.

Standort, Blüte- und Erntezeit

Baldrian ist in ganz Mitteleuropa verbreitet und wächst auf feuchten Wiesen und in Wäldern, aber auch auf trockenen und steinigen Böden. Das Sammelgut von trockenen Standorten ist aromatischer als das von feuchten Plätzen.

Baldrian blüht von Juni bis Juli, vereinzelt auch bis Ende August und wird von September bis Oktober gesammelt.

Verwendete Pflanzenteile

Graben Sie die Wurzeln zwei- bis dreijähriger Pflanzen *(Valerianae radix)* aus, und hängen Sie die gründlich gereinigten Wurzeln luftig an einem warmen Ort zum Trocknen auf. Eine andere Möglichkeit ist, sie im Backofen zu trocknen. Schneiden Sie die gründlich gesäuberten Wurzeln in Stücke, und lassen Sie diese bei höchstens 40 °C langsam trocknen. Während des Trocknens entwickelt sich der durchdringende Baldriangeruch.

Wirksame Inhaltsstoffe

Die Baldrianwurzel enthält Valepotriate, die ätherischen Öle Valerensäure und Valerenal sowie sehr geringe Mengen an Alkaloiden.

Die Valepotriate haben eine Doppelwirkung: Sie wirken anregend und beruhigend. Bei Konzentrationsstörungen haben sie einen anregenden Effekt, bei nervöser Unruhe beruhigen sie. Valepotriate werden bei höheren Temperaturen unwirksam. Dies ist der Fall bei der Zubereitung von Tees, Extrakten, Tinkturen und Badezusätzen. Sie kommen also bei der Behandlung mit selbst geernteter Baldrianwurzel nicht zur Wirkung.

Die ätherischen Öle Valerensäure und Valerenal wirken entspannend und krampflösend. Sie sind ein effektives Heilmittel für Körper und Seele. Entsprechend wird Baldrian bei nervöser Erschöpfung, bei Angstzuständen in Verbindung mit Magenbeschwerden und starkem Herzklopfen sowie Leistungsdruck, beispielsweise in Prüfungssituationen, angewendet. Bei Schlaflosigkeit, die durch Überreizung entsteht, fördert Baldrian das Einschlafen.

Bei sachgemäßer Anwendung sind Nebenwirkungen nicht zu befürchten. Wechselwirkungen mit anderen Heilmitteln oder Gegenanzeigen sind bisher nicht bekannt.

Geschichte und Mythologie

Die Bezeichnung *officinalis* deutet darauf hin, dass Baldrian in den Klostergärten (den Offizinarien) angebaut wurde. Die Baldrianwurzel sollte Böses zum Guten wenden (Wendwurzel). Zudem galt sie als Aphrodisiakum: »Wenn Mann und Weib Baldrian in Wein trinken, so macht das gute Freundschaft.« Ihr wurde nachgesagt, dass sie böse Geister und Hexen abwehren könne. Deshalb nannte man die Pflanze auch Hexenkraut: »Baldrian, Dost und Dill, kann die Hex nicht so wie sie will.«

Baldrian verwendete man auch als Mittel gegen Seuchen und Pest: »Trinkt Baldrian, sonst müßt ihr alle dran.« Die Pflanze wurde und wird auch Katzenkraut genannt, weil Katzen durch den Geruch in Verzückung geraten. Im Mittelalter wendete man Baldrian auch bei Augenleiden an. Daher stammt auch die Bezeichnung Augenwurz. Die Vorliebe der Katzen für Baldrian und ihr bekannt gutes Sehvermögen wurden miteinander in Verbindung gebracht: »Baldrian ist eyn edele Augenwurzel, das mag man bey den Katzen warnemen, die dann etlich erfahrnuß damit haben.«

Anwendung in der Klostermedizin

In den mittelalterlichen Kräuterbüchern wird Baldrian als Heilmittel gegen die verschiedensten Beschwerden erwähnt: Gelbsucht, Blähungen, Koliken, Menstruationsstörungen, Würmer, Augenleiden und Asthma.

Er zählte aber auch zu den bewährten Mitteln bei Erschöpfung, Schlaflosigkeit, Alpträumen, Hysterie, Kopfschmerzen und Unruhe. Hildegard von Bingen führte Baldrian als Mittel gegen Seitenstechen und Gicht an.

Wissenschaftlich empfohlene Anwendung

Aufgrund seiner beruhigenden und entspannenden Wirkung wird Baldrian bei nervösen Erregungszuständen, nervöser Schlaflosigkeit und nervösem Herzklopfen eingesetzt. Erst eine ausreichend hohe Dosierung bringt die erwünschte Wirkung. Die mittlere Tagesdosis beträgt 15 Gramm getrocknete Baldrianwurzel.

Anwendungsformen

Baldrianwurzel kann als Teezubereitung oder Badezusatz angewendet werden.

Besonders wirkungsvoll ist die folgende Teeherstellung: Überbrühen Sie zwei Teelöffel getrocknete und geraspelte Baldrianwurzel mit einer Tasse kochendem Wasser. Zugedeckt zwölf Stunden lang ziehen lassen, dann abseihen und kalt trinken. Damit Sie immer einen gewissen Vorrat haben, ist es sinnvoll, wenn Sie sich zwei bis drei Tassen Baldriantee auf einmal vorbereiten. Denken Sie auch daran, dass Sie sich rechtzeitig einen neuen Aufguss ansetzen.

Die Wirkung des Baldriantees können Sie noch durch andere Heilkräuterzusätze gezielt steigern – je nachdem, welche Symptome Sie mildern möchten.

Bei nervösen Erregungszuständen ist ein Baldriantee mit Melisse angezeigt: Überbrühen Sie zwei Teelöffel geraspelte Baldrianwurzel mit einer Tasse kochendem Wasser, und lassen Sie den Tee zugedeckt 30 Minuten lang ziehen. Nicht abseihen, sondern auf etwa 60 °C erhitzen. Dann übergießen Sie damit zwei Teelöffel Melissenblätter. Lassen Sie diese Mischung noch fünf Minuten zugedeckt ziehen, dann abseihen. Von diesem Baldrian-Melisse-Tee können Sie drei bis vier Tassen täglich trinken.

Wenn Sie unter nervös bedingter Schlaflosigkeit leiden, wird Ihnen eine Teezubereitung aus Baldrian und Hopfen oder aus Baldrian und Lavendel helfen: Überbrühen Sie dazu zwei Teelöffel geraspelte Baldrianwurzel mit einer Tasse kochendem Wasser, und lassen Sie die Mischung 30 Minuten lang zugedeckt ziehen. Nicht abseihen, sondern auf etwa 60 °C erhitzen. Dann übergießen Sie damit einen Teelöffel Hopfen und lassen diese Mischung zehn Minuten lang zugedeckt ziehen, anschließend abseihen. Trinken Sie von diesem Tee ein bis zwei Tassen vor dem Schlafengehen.

Baldriantee mit Lavendel: Bereiten Sie zunächst den Baldriantee zu, so wie es bei dem Baldrian-Hopfen-Tee beschrieben wurde. Übergießen Sie zwei Teelöffel Lavendelblüten mit dem heißen Baldriantee, und lassen Sie diese Mischung zugedeckt fünf Minuten ziehen, dann abseihen. Trinken Sie diesen Tee bevor Sie zu Bett gehen.

Ein Baldrianbad wirkt ebenfalls beruhigend und unterstützt das Einschlafen. Für ein Vollbad nehmen Sie 100 Gramm getrocknete, zerkleinerte Baldrianwurzel und kochen sie mit einem Liter Wasser 30 Minuten aus. Dann abseihen und dem Badewasser zusetzen.

Warnhinweise

Bei zu langem Gebrauch von Baldrian können Kopfschmerzen, Verdauungsstörungen und/oder eine leichte Baldriansucht auftreten. Zur Vorbeugung unterbrechen Sie nach zwei bis drei Wochen die Einnahme von Baldrian und legen eine Pause von zwei bis drei Wochen ein. Weichen Sie in dieser Zeit auf andere geeignete Heilpflanzen aus.

Basilikum

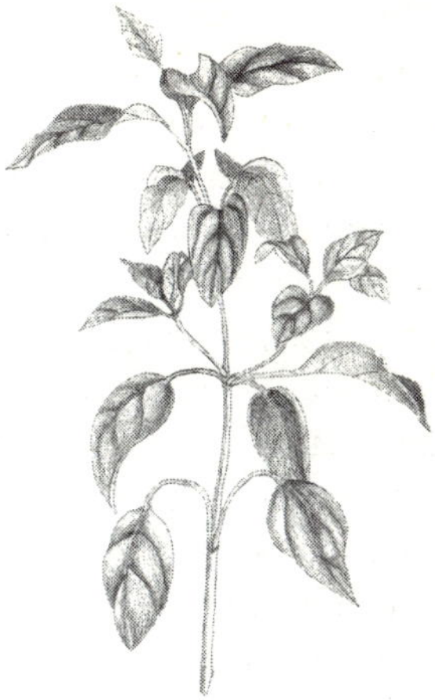

Botanischer Name
Ocimum basilicum
Es gehört zur Familie der Lippenblütengewächse.

Volkstümliche Namen
Basilienkraut, Hirnkraut, Königskraut, Suppenbasil

Aussehen, Geruch und Geschmack

Basilikum wird 40 bis 60 Zentimeter hoch und wächst buschig verzweigt. Die Blätter sind eiförmig. Die unscheinbaren Blüten sitzen in den Blattachsen. Ihre Farbe reicht von Purpurrot über Rosa bis hin zu Weiß.

Die Blätter riechen und schmecken leicht pfeffrig sowie angenehm würzig.

Standort, Blüte- und Erntezeit

Ursprünglich war Basilikum vermutlich in Indien beheimatet. Jetzt gedeiht es überall im Mittelmeerraum. Robustere Arten wachsen auch in den gemäßigteren Klimazonen Mitteleuropas. Basilikum braucht viel Sonne, einen humusreichen, lockeren Boden und windgeschützten Platz. Die Pflanze ist sehr kälteempfindlich.

Die Blütezeit reicht von Juli bis August. Geerntet wird Basilikum den ganzen Sommer über.

Verwendete Pflanzenteile

Für die medizinische Anwendung und die Küche werden die frischen oder getrockneten Blätter verwendet. Zum Trocknen breiten Sie diese lose auf einem luftigen Gestell aus.

Wirksame Inhaltsstoffe

Die Basilikumblätter enthalten ätherische Öle und in geringer Menge auch Gerbstoffe. Sie sind verdauungsfördernd und appetitanregend. Bei Koliken im Magen-Darm-Trakt wirken sie möglicherweise auch krampflösend.

Wechselwirkungen mit anderen Heilmitteln oder Gegenanzeigen sind nicht bekannt.

Geschichte und Mythologie

Basilikum war schon bei den Römern eine geschätzte Heilpflanze. Sein frisch gepresster Saft wurde bei Ohrenentzündungen sowie Bissen von Schlangen und Skorpionen verwendet.

Dem Basilikum schrieb man auch magische Kräfte zu: Wenn die zerriebenen Blätter unter einen Stein gelegt wurden, sollten daraus Skorpione heranwachsen. Basilikum stand auch in dem Ruf, dass es unter Freunden Streit und Hass entfachen würde. Aber es wurden ihm auch positive Seiten nachgesagt: Es sollte den Menschen gegen Melancholie stark machen. Deshalb wird es auch Hirnkraut genannt.

Als Gewürzpflanze war und ist Basilikum sehr beliebt. Darauf deutet der Name Suppenbasil hin.

Anwendung in der Klostermedizin

Basilikum wurde zur Stärkung des Magens und Darms verwendet. Auch sollte es den Geburtsvorgang erleichtern und in der Stillzeit die Milchsekretion anregen.

Es wurde bei Melancholie verordnet: »Es benimpt die Traurigkeit die do kompt von der Melancoly.« Und Hildegard von Bingen benutzte Basilikum zur Senkung von hohem Fieber.

Wissenschaftlich empfohlene Anwendung

In der modernen Pflanzenheilkunde wird Basilikum kaum noch eingesetzt, weil es heilkräftigere Pflanzen gibt. In einer Teemischung gegen Blähungen oder nervöse Magenbeschwerden ist es allerdings immer noch sinnvoll.

Anwendungsformen

Teemischungen und -zubereitungen, die bei Blähungen oder nervösen Magenbeschwerden auch noch angewendet werden können, finden Sie bei entsprechenden anderen Arzneipflanzen, z. B. Kamille, Melisse, Kümmel.

Beinwell

Botanischer Name
Symphytum officinale
Er gehört zur Familie der Rauhblattgewächse.

Volkstümliche Namen
Beinwurz, Honigblume, Schwarzwurz, Wallwurz

Aussehen, Geruch und Geschmack

Beinwell wird 30 Zentimeter bis ein Meter hoch. Am Ende seiner fleischigen Blütenstengel sitzen die glockigen, schmalen Blüten von rosa bis violetter, selten auch cremeweißer Farbe. Die langen, zum Ende hin spitz auslaufenden Blätter wachsen mit kurzen Stielen aus dem Stengel heraus. Stiele und Stengel sind mit kurzen, borstigen Härchen besetzt. Die etwa 30 Zentimeter lange, fleischige Pfahlwurzel des Beinwells wächst senkrecht in den Boden. Sie ist ein bis zwei Zentimeter dick, außen dunkelbraun bis schwarz und innen hellgelb bis weiß.

Die Wurzel ist fast geruchlos, manchmal riecht sie schwach würzig. Sie schmeckt kampferartig, etwas zusammenziehend und schleimig.

Standort, Blüte- und Erntezeit

Beinwell wächst im Flachland in ganz Mitteleuropa, an Bachufern, feuchten Wegrändern und auf feuchten Wiesen. Er benötigt einen halbschattigen Platz sowie einen nährstoff- und feuchtigkeitsreichen Boden.

Blütezeit ist von Mai bis Juli. Geerntet wird er vor der Blüte, also von März bis April, und nach der Blüte, von September bis Oktober.

Verwendete Pflanzenteile

Die Heilstoffe des Beinwells sitzen in den Wurzeln, die Sie mit einer spitzen Schaufel ausgraben. Reinigen Sie die Wurzeln gründlich mit einer Bürste unter fließendem Wasser. Schneiden Sie diese längs auf, und trocknen Sie die Wurzelstücke bei milder Hitze (etwa 40 °C) im Backofen. Der Wurzelstock ist sehr feucht und schimmelt leicht. Lassen Sie daher die Backofentür einen Spalt offenstehen, damit die verdunstende Feuchtigkeit entweichen kann.

Wirksame Inhaltsstoffe

Die Wurzeln enthalten Allantoin, Schleim- und Gerbstoffe. Alle Inhaltsstoffe beschleunigen die Wundheilung, insbesondere das Allantoin. Es verflüssigt die Wundsekrete und fördert die Durchblutung der verletzten Stelle, wodurch es zu einer schnelleren Neubildung von Gewebe kommt.

Geschichte und Mythologie

Schon in der Antike verwendete der griechische Arzt Dioskurides Beinwell zur Heilung von Knochenbrüchen. Die Namen

Beinwell und Wallwurz beziehen sich auf den verstärkten Blutandrang, der die Heilung beschleunigt. Im Althochdeutschen bedeutet *bein* Knochen, und *wallen* ist eine Umschreibung für vermehrte Durchblutung.

Der Name Schwarzwurz beschreibt die Farbe der Beinwellwurzel. Und die Bezeichnung *officinalis* weist darauf hin, dass Beinwell in den medizinischen Klostergärten (den Offizinarien) angebaut wurde.

Anwendung in der Klostermedizin

Die frischen, zerkleinerten Wurzeln und Blätter legte man als Umschlag auf offene Wunden, eiternde Geschwüre und Knochenbrüche. Oft wurde auch eine Salbe, die aus in Schweineschmalz ausgekochten Beinwellwurzeln hergestellt war, aufgetragen.

Hildegard von Bingen kochte Beinwellwurzeln und -blätter in Wein aus und legte damit getränkte Umschläge auf Knochen- und Leistenbrüche.

Wissenschaftlich empfohlene Anwendung

Beinwellwurzeln eignen sich sehr gut zur Behandlung von Verletzungen, schwer heilenden Wunden und offenen Beinen. Auch Entzündungen der Knochenhaut, Schleimbeutel und Sehnenscheiden heilen schneller ab.

Knochenbrüche verheilen rascher, möglicherweise weil die Neubildung von Knochensubstanz angeregt wird.

Bei Prellungen, Verstauchungen, Zerrungen und rheumatischen Schmerzen wirkt die Beinwellwurzel schmerzlindernd.

Wechselwirkungen mit anderen Heilmitteln sind bisher nicht bekannt. Bei sachgemäßer Anwendung sind keine Nebenwirkungen zu befürchten.

Anwendungsformen

Beinwell wird äußerlich angewendet.

Breiumschlag: Pulverisieren Sie getrocknete Beinwellwurzel in einem Mörser. Dann vermischen Sie zwei bis vier Esslöffel, je nachdem wie groß die Wunde oder die schmerzende Stelle ist, mit etwas heißem Wasser zu einem dicken Brei. Streichen Sie die heiße Paste auf eine sterile Mullbinde, und legen Sie diese auf die Wunde oder betroffene Fläche auf. Befestigen Sie den Umschlag mit einem Tuch oder einem Verband, und lassen Sie ihn zwei bis vier Stunden einwirken. Dreimal täglich wiederholen.

Abkochung: Kochen Sie 100 Gramm frische, geschälte und geraspelte Beinwellwurzeln 15 Minuten in einem Viertelliter Wasser aus. Absieben und mit der Kochflüssigkeit eine Gazekompresse tränken. Legen Sie die Kompresse auf das durch Krampfadern verursachte Geschwür auf, und lassen Sie diese etwa eine halbe Stunde einwirken. Der Verband darf nicht austrocknen! Sollte dies geschehen sein, so lösen Sie ihn vorsichtig ab, indem Sie die Kompresse noch einmal mit etwas Beinwellflüssigkeit beträufeln. Wiederholen Sie diese Anwendung drei- bis viermal täglich.

Warnhinweise

Beinwell darf man nur äußerlich und nicht länger als vier Wochen jährlich anwenden. Bei Kindern, während einer Schwangerschaft und in der Stillzeit darf er nicht eingesetzt werden.

Beinwell enthält auch das giftige Alkaloid Pyrrolizidin, das in hohen Dosen im Tierversuch langfristig zu Leberschäden, Krebs und Veränderungen des Erbguts führte. Bei äußerlicher Anwendung wird diese Substanz in nur ganz geringer Menge über die Haut aufgenommen, so dass eine Schädigung durch Pyrrolizidin unwahrscheinlich ist.

Bibernelle

Botanische Namen

Pimpinella major, Pimpinella saxifraga
Sie gehört zur Familie der Doldengewächse.

Volkstümliche Namen

Bockwurz, Kleiner Wiesenknopf, Pfefferwurz

Aussehen, Geruch und Geschmack

Die Bibernelle wird 30 bis 90 Zentimeter hoch und ist eine Pflanze von schlankem Wuchs. Die Blätter sind schmal, leicht gezackt und sitzen zu je drei Paaren am Stengelende, dessen Spitze in einem einzelnen Blatt ausläuft. Die Blätter sehen denen des Wiesenknopfs ähnlich. Auf den Blütenstengeln sitzen kleine, weiß oder rosafarben blühende Dolden, die einen süßlichen Duft verbreiten.

Die Bibernelle wird oft mit der Gartenbibernelle verwechselt, die ihr zwar entfernt ähnlich sieht, aber ganz andere Blüten hat. Die Blüten der Gartenbibernelle sind rötlich und stehen in Köpfchen zusammen. Außerdem gehört sie zur Familie der Rosengewächse.

Die Wurzeln der Bibernelle haben einen durchdringenden, ziegenähnlichen Geruch.

Standort, Blüte- und Erntezeit

Die Bibernelle ist in ganz Mitteleuropa verbreitet und wächst auf mageren, trockenen Wiesen, auf Ödland und Schutthalden sowie an sonnigen Waldrändern.
Sie blüht von Juni bis September. Die Wurzeln älterer Pflanzen werden von März bis April, die von jüngeren Pflanzen von September bis Oktober gesammelt.

Verwendete Pflanzenteile

Die Heilstoffe der Bibernelle sitzen in den Wurzeln: Säubern Sie die Wurzeln gründlich unter fließendem Wasser, und hacken Sie diese in Stücke, die Sie längs aufschneiden. Lassen Sie die Wurzelstücke etwa acht Tage lang trocknen, und dörren Sie diese dann noch im Backofen bei etwa 100 °C.

Wirksame Inhaltsstoffe

Die Wurzeln enthalten geringe Mengen an ätherischem Öl, Saponine und Cumarine. Das ätherische Öl wirkt schwach schleimlösend bei Entzündungen der oberen Luftwege, und es lindert den Husten bei Bronchitis.

Geschichte und Mythologie

Die Bibernelle war in der Antike unbekannt, weil sie im Mittelmeerraum nicht vorkam.
Der Name Bockwurz bezieht sich auf den ziegenähnlichen Geruch der Wurzeln, die Bezeichnung Kleiner Wiesenknopf auf ihre Blattform, die der des Wiesenknopfs ähnlich sieht. Die Bibernelle besaß großes Ansehen als Pest- und Cholerakraut: »Wiesenbibernell heilet Krankheit schnell«.

Anwendung in der Klostermedizin

Bibernelle wurde als schmerzstillendes Mittel bei Darmkoliken, Magenerkrankungen und Uterusschmerzen verwendet. Auch Erkältungen und Heiserkeit, Nierensteine sowie Gicht wurden mit ihr behandelt. Sie galt als harntreibend, Wunden heilend und hautreinigend.

Wissenschaftlich empfohlene Anwendung

In der modernen Pflanzenheilkunde wird die Bibernelle nur noch selten eingesetzt, weil es wirksamere Heilpflanzen gibt. Sie ist aber oft noch Bestandteil von Hustenteemischungen.

Bei sachgemäßer Anwendung sind Nebenwirkungen nicht zu befürchten. Wechselwirkungen mit anderen Heilmitteln oder Gegenanzeigen sind bisher nicht bekannt.

Anwendungsformen

Für die Zubereitung von Hustentee überbrühen Sie zwei Teelöffel getrocknete und geraspelte Bibernellwurzeln. Zugedeckt zehn Minuten ziehen lassen, dann abseihen. Trinken Sie drei- bis viermal täglich eine Tasse.

Birke

Botanischer Name
Betula pendula
Sie gehört zur Familie der Birkengewächse.

Volkstümliche Namen
Frühlingsbaum, Maibaum

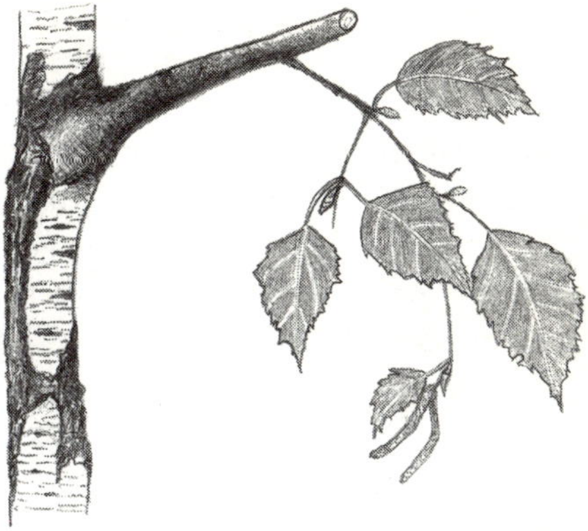

Aussehen, Geruch und Geschmack

Die Birke ist ein auffallender Laubbaum mit weißer Rinde, die mit schwärzlichen Flecken übersät ist. Sie kann bis zu 30 Meter hoch werden. Ihre Blätter sind dreieckig bis rautenförmig. Die gelblichen, männlichen Blüten hängen in langen Troddeln von den Zweigspitzen herab. Die weiblichen Blüten stehen aufrecht als kurze, bräunliche Röllchen an der Spitze kurzer Seitenästchen.

Die Birkenblätter haben einen feinen, milden Duft. Ihr Geschmack ist harzig und leicht bitter.

Standort, Blüte- und Erntezeit

Die Birke ist sehr anspruchslos und gegen Frost und Trockenheit weitgehend unempfindlich. Im Gebirge siedelt sie sich bis auf eine Höhe von 1700 Metern an. Sie ist ein typischer Baum der nördlichen Klimazonen und wächst in hellen Laub- und Nadelwäldern, auf Magerwiesen und in Heidegebieten. Der

Baum bevorzugt einen sauren, nährstoffreichen Boden und einen halbschattigen Standort.

Die Birke blüht von April bis Mai. Ihre Blätter werden von Mai bis Juni gesammelt.

Verwendete Pflanzenteile

Schneiden Sie die jungen Blätter der äußeren Zweige ab, und breiten Sie diese zum Trocknen auf einem luftigen Gestell aus.

Wirksame Inhaltsstoffe

Birkenblätter *(Betulae folium)* enthalten Flavonoide, Saponine, Gerbstoffe und ätherisches Öl. Die Inhaltsstoffe haben eine leicht harntreibende Wirkung, sofern Wassereinlagerungen im Körper bestehen.

Geschichte und Mythologie

Die Birke symbolisiert den Frühling (Frühlingsbaum), das wieder erwachende Leben und spielt im Christentum (Ostern, Pfingsten, Fronleichnam) sowie im Brauchtum – z. B. als Maibaum – eine große Rolle.

Anwendung in der Klostermedizin

Die Birke ist ein typischer Baum der nördlichen Breiten. Den alten Griechen und Römern war dieser Baum unbekannt.

In der Klostermedizin wurden der Birkensaft der Stämme und die Rinde verwendet. Hildegard von Bingen benutzte Birkenrinde zum Wundverschluss sowie den Birkensaft als Heilmittel gegen Steinleiden, Gelbsucht und Mundfäule.

Wissenschaftlich empfohlene Anwendung

In der modernen Pflanzenheilkunde finden Birkensaft und -rinde keinelei Verwendung – es wird vor allem der Aufguss aus Birkenblättern eingesetzt.

Birkenblättertee wendet man im Rahmen einer Durchspülungstherapie bei bakteriellen, entzündlichen Erkrankungen der ableitenden Harnwege und Nierengrieß an.

Bei sachgemäßer Anwendung sind keine Nebenwirkungen zu befürchten. Wechselwirkungen mit anderen Heilmitteln sind bisher nicht bekannt.

Anwendungsformen

Überbrühen Sie zwei Esslöffel Birkenblätter mit einer Tasse kochendem Wasser. Abgedeckt zehn Minuten ziehen lassen, dann absieben. Trinken Sie mehrmals täglich eine Tasse und zusätzlich noch mindestens zwei Liter andere Flüssigkeiten wie Saft oder Mineralwasser. Nur so erreichen Sie eine heilsame Durchspülung der ableitenden Harnwege. Auch Nierengrieß kann auf diese Weise ausgeschwemmt werden.

Warnhinweise

Bei Ödemen, die durch eine eingeschränkte Tätigkeit der Nieren oder des Herzens entstanden sind, dürfen Sie weder Birkenblättertee trinken noch eine Durchspülungstherapie vornehmen.

Brennnessel

Botanischer Name

Urtica dioica

Sie gehört zur Familie der Brennnesselgewächse.

Volkstümliche Namen

Große Nessel, Nessel, Sengnessel

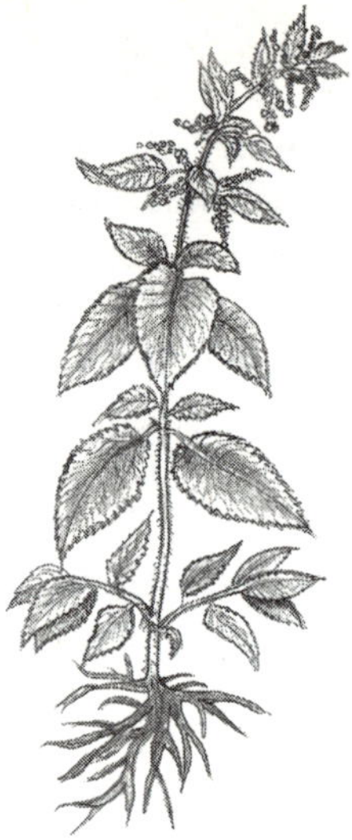

Aussehen, Geruch und Geschmack

Die Brennnessel ist eine ausdauernde Pflanze, die bis zu eineinhalb Meter hoch wird. Ihr kräftiger, kantiger und aufrechter Stengel ist mit Brennhaaren besetzt, ebenso auch die spitzen oder eiförmigen Blätter, die am Rand grob gezahnt sind. Diese enthalten Histamin, das beim Eindringen in die Haut das bekannte Jucken und Brennen hervorruft. Rispenartig sitzen die unscheinbaren, kleinen, blassgrünen Blüten in den Blattachsen.

Die Brennnessel hat einen eigentümlichen Geruch und einen etwas unangenehmen Beigeschmack.

Standort, Blüte- und Erntezeit

Die Brennnessel ist weltweit in den gemäßigten Klimazonen verbreitet. Sie wächst immer in der Nähe menschlicher Behausungen und gilt deshalb als typische Ruderalpflanze. Die

Pflanze bevorzugt stickstoffreiche Erde. Daher ist ihr Vorkommen ein sicherer Anzeiger für mit Stickstoff überlastete Böden. Sie wächst an Wegrändern, auf Schuttplätzen und Waldlichtungen und braucht einen halbschattigen Standort.

Die Brennnessel blüht von Juni bis September. Ihre Erntezeit ist vor der Blütezeit, in der Regel von April bis Juli.

Verwendete Pflanzenteile

Der oberirdische Teil der Brennnessel wird frisch oder getrocknet verwendet – die Wurzeln hingegen nur getrocknet. Ihre Heilkräfte sind sowohl in den Blättern als auch in den Wurzeln enthalten. Gesammelt wird die ganze Pflanze, die Sie zum Trocknen in lockeren Bündeln kopfüber aufhängen. Die Wurzeln reinigen Sie gründlich unter fließendem Wasser und hängen sie ebenfalls zum Trocknen auf.

Wirksame Inhaltsstoffe

Das Brennnesselkraut enthält Mineralsalze, vor allem Calcium- und Kaliumsalze sowie Kieselsäure. Die entwässernde Wirkung des Krauts beruht auf seinem hohen Kaliumgehalt.

In den Brennhaaren sind biogene Amine wie Histamin und Serotonin enthalten, die eine starke Hautdurchblutung hervorrufen.

Die Wurzeln enthalten die Phytosterole Sitosterin und Scopoletin, beides Wirkstoffe, die die Heilung einer gutartigen Prostatavergrößerung verbessern.

Geschichte und Mythologie

Nach ihrem botanischen Namen *Urtica* ist auch eine Erkrankung der Haut benannt, die Nesselsucht, die sich durch brennende und juckende Quaddeln bemerkbar macht. Auch der volkstümliche Name Sengnessel bezieht sich auf das Jucken und Brennen, das die Brennhaare der Brennnessel auslösen.

In der altgermanischen Sagenwelt war die Brennnessel das Symbol des Gottes der Blitze, weil der Blitzstrahl ebenso wie die Brennnessel sengt und brennt. Und im Volksglauben und Brauchtum war man der Ansicht, dass Brennnesseln Blitz und Feuer abwehren könnten. Wenn die Ställe mit Brennnesseln ausgeräuchert wurden, war das Vieh vor Teufeln und Hexen geschützt.

Anwendung in der Klostermedizin

Schon in der Antike wurde die Brennnessel als Arzneipflanze genutzt. Dioskurides beschrieb sie als erweichend, wind- und harntreibend und behandelte vor allem Geschwüre, Furunkel, Verdauungsstörungen und Lungenentzündung mit Brennnesselblättern.

Die Klostermedizin des Mittelalters übernahm die überlieferten Anwendungen und ergänzte sie durch eigene Erfahrungen. Hildegard von Bingen behandelte mit den Brennnesseln Verdauungsstörungen des Magens und Darms, Krampfadern, Gedächtnisschwäche und gebrauchte sie auch zur allgemeinen Blutreinigung.

Wissenschaftlich empfohlene Anwendung

Ein Aufguss aus Brennnesselblättern und -kraut *(Urticae folium, Urticae herba)* regt die Durchspülung der Nieren sowie der ableitenden Harnwege an und beugt der Entstehung von Nierengrieß vor.

Brennnesselspiritus (den Sie in der Apotheke erhalten) wird äußerlich bei rheumatischen Schmerzen angewendet. Man massiert damit die betroffenen Hautbezirke ein.

Der Auszug aus getrockneten Brennnesselwurzeln trägt zur Heilung von gutartiger Prostatavergrößerung bei, weil das Urinieren erleichtert wird.

Bei sachgemäßer Anwendung sind keine Nebenwirkungen zu befürchten. Wechselwirkungen oder Gegenanzeigen sind bisher nicht bekannt.

Anwendungsformen

Aus frischen, jungen Brennnesseln können Sie ein schmackhaftes und gesundes Gemüse anrichten. Die Blätter und das Kraut werden wie Spinat zubereitet. Als Zutat zu einem frischem Frühlingssalat verleihen sie diesem eine pikante Note.

Einen Brennnesseltee bereiten Sie am einfachsten aus den getrockneten Blättern und/oder dem getrockneten Kraut zu. Übergießen Sie zwei Teelöffel Brennnesseltrockenmischung mit einer Tasse heißem Wasser. Abgedeckt zehn Minuten ziehen lassen, dann absieben. Trinken Sie sechs- bis achtmal täglich eine Tasse.

Für einen Aufguss aus Brennnesselwurzeln überbrühen Sie einen Teelöffel geraspelte Wurzeln mit einer Tasse kochendem Wasser. Abgedeckt 20 Minuten ziehen lassen, dann absieben. Trinken Sie täglich drei- bis viermal eine Tasse.

In der Volksmedizin ist die kurmäßige Anwendung von

Brennnesseltee zur Stoffwechselumstellung und Blutreinigung ziemlich beliebt. Ihre Wirkung beruht ebenfalls auf dem ausschwemmenden Effekt der Brennnessel.

Warnhinweise

Im Rahmen einer Durchspülungstherapie müssen Sie unbedingt mindestens zwei Liter Flüssigkeit zusätzlich trinken.

Bei Ödemen, die durch eine eingeschränkte Funktion der Nieren oder des Herzens verursacht sind, darf diese Therapie nicht angewendet werden.

Brennnesselspiritus kann in seltenen Fällen zu allergischen Hautreaktionen führen. Treten solche Allergien auf, so müssen Sie die Behandlung abbrechen.

Der Tee aus Brennnesselwurzeln kann gelegentlich leichte Magen- und Darmbeschwerden verursachen.

Dill

Botanischer Name
Anethum graveolens
Er gehört zur Familie der Doldengewächse.

Volkstümliche Namen
Däll, Dille, Gurkenkraut

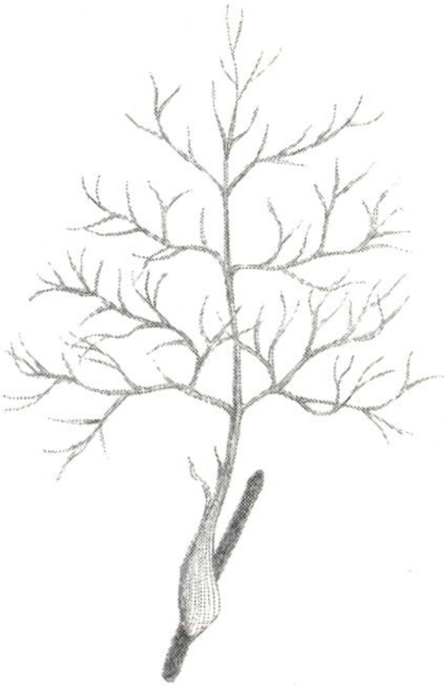

Aussehen, Geruch und Geschmack

Im Freien erreicht Dill eine Höhe von 60 Zentimetern bis zu 1,20 Meter. An einem fleischigen Stengel sitzen luftig gefiederte, dünne, schmale Blättchen. Er blüht mit großen, gelben Dolden, die aus mehreren Einzelblüten bestehen.

Die Blätter schmecken frisch und süßlich würzig, die Samen ähnlich wie Kümmel.

Standort, Blüte- und Erntezeit

Ursprünglich war Dill im Vorderen Orient und im Mittelmeerraum beheimatet. Hierzulande wächst er auf humusreichen, trockenen Böden. Er braucht einen warmen, hellen und windgeschützten Ort.

Die Blütezeit reicht von Juni bis Ende September. Dill wird von Anfang August bis Ende September geerntet.

Verwendete Pflanzenteile

Für die medizinische Anwendung werden die reifen, getrockneten Dillsamen gebraucht. Wenn die Samen sich bräunlich färben, schneiden Sie die ganze Pflanze ab und binden sie in Bündeln zusammen. Diese hängen Sie an einem luftigen und schattigen Ort kopfüber zum Dörren auf. Darunter breiten Sie ein großes Tuch aus. Wenn die Samen trocknen, fallen sie von selbst heraus.

Wirksame Inhaltsstoffe

Die Dillsamen enthalten carvonhaltige ätherische Öle. Diese wirken schwach krampflösend bei Magen-Darm-Koliken, leicht entwässernd und haben einen geringen antibakteriellen Effekt.

Geschichte und Mythologie

Als Gewürz- und Arzneipflanze ist Dill seit der Antike bekannt. In den Pharaonengräbern fand man Überreste von Dillzweigen und -samen. Im Volksglauben hatte Dill als »Samen des Merkurs« den Ruf, bösen Zauber zu verhindern und Dämonen abzuwehren.

Karl der Große empfahl in »Capitulare de villis« den Anbau von Dill. Dill war und ist als Gewürz sehr beliebt: zum Einlegen von Gurken (Gurkenkraut), in der Fischküche und für Salate.

Anwendung in der Klostermedizin

Dill wurde zur Behandlung von Kopf- und Leibschmerzen, Blähungen sowie üblem Mundgeruch eingesetzt. Während der Stillzeit sollte er den Milchfluß anregen. Hildegard von Bingen verwendete frischen Dill gegen Nasenbluten.

In den Krankenstuben wurden Dillsamen gegen die Ausdünstungen der Kranken verbrannt. Die freiwerdenden ätherischen Öle dufteten aromatisch und überdeckten die üblen Gerüche.

Wissenschaftlich empfohlene Anwendung

Ein Tee aus Dillsamen kann bei Völlegefühl und Blähungen Erleichterung verschaffen. Aufgrund seiner schwachen Wirksamkeit sind allerdings andere geeignetere Heilpflanzen dem Dill vorzuziehen.

Wechselwirkungen mit anderen Heilmitteln oder Gegenanzeigen sind bisher nicht bekannt.

Anwendungsformen

Dillsamen werden in Form von Tee verabreicht. Übergießen Sie einen Teelöffel Dillsamen mit einer Tasse heißem Wasser. Zugedeckt fünf Minuten ziehen lassen, dann abseihen. Trinken Sie dreimal täglich eine Tasse.

Eine Kombination aus Dill mit Kümmel und Kamille ist sinnvoll, um die Wirkung des Dills zu verstärken.

Fenchel

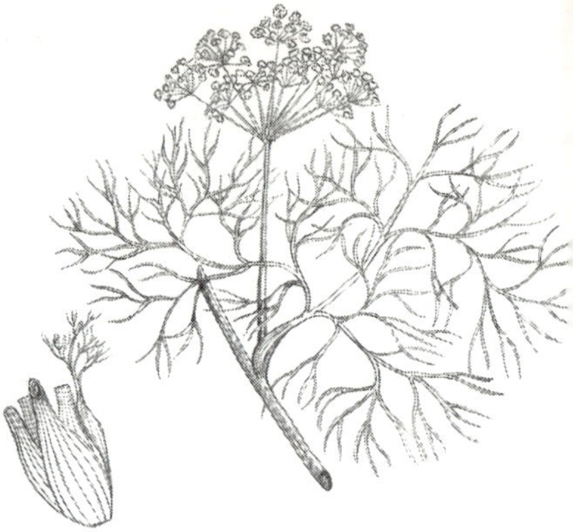

Botanischer Name
Foeniculum officinale
Er gehört zur Familie der Doldengewächse.

Volkstümliche Namen
Brotanis, Brotsamen, Frauenfenchel

Standort, Blüte- und Erntezeit

Fenchel stammt ursprünglich aus dem Mittelmeerraum. Er braucht einen warmen, sonnigen Platz und nährstoffreichen, kalkhaltigen Boden. In den Mittelmeerländern und auf dem Balkan wird er feldmäßig angebaut.

Er blüht von Juli bis August und wird von September bis Ende Oktober geerntet.

Aussehen, Geschmack und Geruch

Fenchel sieht ähnlich aus wie Dill. Im Freien wird er bis zu eineinhalb Meter hoch. An dem fleischigen Stengel sitzen dünne, längliche Blättchen. Er blüht mit großen, gelben Dolden, die aus vielen Einzelblüten bestehen. Die ovalen Samen sind glänzend gelb.

Das frische Fenchelgrün hat einen leichten Dillgeschmack. Die Samen schmecken ähnlich wie Anis, aber weniger süßlich.

Verwendete Pflanzenteile

Für die medizinische Anwendung werden die reifen, getrockneten Samen genutzt. Schneiden Sie die braunen, reifen Dolden ab, und klopfen Sie diese kräftig auf einem Tuch aus. Die reifen Samen fallen dabei heraus.

Wirksame Inhaltsstoffe

Die ätherischen Öle Trans-Anethol und Fenchon wirken mäßig schleimlösend, leicht verdauungsfördernd und schwach krampflösend. Sie beschleunigen die Bewegung der Flimmerhärchen auf den Schleimhäuten der Atemwege und fördern dadurch das Abhusten von Schleim.

Bei sachgemäßer Anwendung sind Nebenwirkungen nicht zu befürchten. Wechselwirkungen mit anderen Heilmitteln oder Gegenanzeigen sind bisher nicht bekannt.

Geschichte und Mythologie

Seine botanische Bezeichnung *officinale* deutet darauf hin, dass er in den Klostergärten angebaut wurde. In der Küche wurde und wird Fenchel für Brot und Gebäck (Brotanis, Brotsamen) sowie für Fischgerichte und Soßen verwendet.

Anwendung in der Klostermedizin

In den alten Hochkulturen Ägyptens, Chinas und Arabiens war der Fenchel eine beliebte Heil- und Gewürzpflanze. Er wurde bei Blasen- und Nierenleiden, Erkältungen, Fieber, Augenerkrankungen und als Aphrodisiakum verwendet.

Walahfrid Strabo beschrieb Fenchel als »Augen stärkend, blähungstreibend, Husten lindernd«. Hildegard von Bingen verwendete ihn gegen Melancholie, Blähungen, Verstopfung und zur Förderung der Verdauung. Die Heilkundigen der Klöster gebrauchten ihn außerdem noch bei Entzündungen des Magens und Darms. Augenlidentzündungen behandelte man mit Umschlägen, die mit Fencheltee getränkt waren.

Wissenschaftlich empfohlene Anwendung

Wegen seiner schleimlösenden Wirkung wird Fenchel zur Erleichterung des Abhustens eingesetzt. Bei dyspeptischen Beschwerden wie Völlegefühl, Blähungen oder leichten Magen- und Darmkoliken kommt seine krampflösende Wirkung zur Geltung.

Bei sachgemäßer Anwendung sind Nebenwirkungen nicht zu befürchten. Wechselwirkungen mit anderen Heilmitteln sind bisher nicht bekannt.

Anwendungsformen

Für die Zubereitung einer Tasse Fencheltee zerquetschen Sie einen Teelöffel Fenchelsamen im Mörser und übergießen diesen mit einer Tasse heißem Wasser. Zugedeckt fünf Minuten ziehen lassen, danach abseihen. Trinken Sie täglich bis zu fünf Tassen zwischen den Mahlzeiten.

Bei Verdauungsstörungen ist eine Kombination mit Kümmel sinnvoll. Dieser verstärkt die krampflösende Wirkung des Fenchels. Für eine Tasse Fenchel-Kümmeltee zerquetschen Sie je einen halben Teelöffel Fenchelsamen und Kümmel im Mörser und übergießen diese Mischung mit einer Tasse heißem Wasser. Zugedeckt fünf Minuten ziehen lassen, dann abseihen. Trinken Sie täglich bis zu vier Tassen zwischen den Mahlzeiten.

Bei Katarrhen der oberen Luftwege und Husten ist eine Mischung aus Fenchel und Anis sehr wirkungsvoll. Anis unterstützt die schleimlösende Wirkung des Fenchels. Zerquetschen Sie je einen Teelöffel Fenchel und Anis im Mörser, und übergießen Sie die Mischung mit einer Tasse heißem Wasser. Zugedeckt fünf Minuten ziehen lassen, danach abseihen. Trinken Sie morgens und abends eine Tasse Fenchel-Anistee.

Beachten Sie bei der Trinkmenge die Obergrenze der einzelnen Heilpflanzen! Von Kümmeltee dürfen Sie bis zu vier Tassen, von Anistee nur zwei Tassen, von Fencheltee bis zu fünf Tassen täglich trinken.

Fencheltee eignet sich auch zum Inhalieren bei festsitzenden Katarrhen der Atemwege. Zerquetschen Sie in einer Schüssel drei Esslöffel Fenchelsamen, und übergießen Sie diese mit einem halben Liter siedendem Wasser. Beugen Sie sich dicht über die Schüssel, und legen Sie sich ein großes Handtuch so über den Kopf, dass es auch die Schüssel bedeckt. Inhalieren Sie den aufsteigenden ätherischen Dampf.

Warnhinweise

Es können allergische Reaktionen der Haut, der Schleimhäute der Atemwege und des Magen-Darm-Trakts auftreten. Sie sind auf eine Unverträglichkeit gegen Fenchel oder dessen ätherisches Öl zurückzuführen. In solchen Fällen darf Fenchel nicht mehr angewendet werden, ebensowenig bei einer bereits bekannten Allergie gegen Fenchel oder Fenchelöl.

Besteht bei Ihnen bereits eine Allergie gegen Anis oder Anisöl, dürfen Sie Fenchel ebenfalls nicht verwenden. Die ätherischen Öle in Anis und Fenchel sind chemisch miteinander verwandt.

Fencheltee darf ohne Rücksprache mit einem Arzt nicht über einen längeren Zeitraum (mehrere Wochen) angewendet werden.

Frauenmantel

Botanischer Name
Alchemilla vulgaris
Er gehört zur Familie der Rosengewächse.

Volkstümliche Namen
Frauenhäubel, Liebfrauenmantel, Löwenfußkraut, Marienmantel, Ohmkraut, Regentropfen, Silbermantel, Taubecherl, Taufänger, Trauermantel

Aussehen, Geruch und Geschmack

Der Frauenmantel wird 25 bis 40 Zentimeter hoch. Er wächst horstartig aus dem Boden heraus und ist an den charakteristisch geformten Blättern gut zu erkennen: Sie sehen fast wie ein handförmig gelappter Halbkreis aus, der sieben bis elf gekerbte Einschnitte hat. Das Blatt ist leicht behaart, verfärbt sich im Herbst rötlich bis bräunlich und ist an den Rändern gezahnt. Am frühen Morgen schwitzen die Blätter Wassertropfen aus (Guttationstropfen), die sich wie eine Perlenkette an den Blatträndern sammeln. Frauenmantel blüht mit grünlichgelben, unscheinbaren Rispen.

Die Pflanze ist fast geruchlos. Sie schmeckt leicht bitter und etwas zusammenziehend.

Standort, Blüte- und Erntezeit

Frauenmantel braucht einen feuchten kühlen Standort und nahrhafte Böden. Er wächst auf Wiesen und Weiden, an Bachufern, Wegrändern sowie im lichten Gebüsch.

Blütezeit ist von Mai bis September. Zur gleichen Zeit wird die Pflanze auch geerntet.

Verwendete Pflanzenteile

Die Blätter und Stengel werden frisch oder getrocknet verwendet: Schneiden Sie die Blätter und Stengel in grobe Stücke, und breiten Sie diese zum Trocknen auf einem luftigen Gestell aus.

Wirksame Inhaltsstoffe

Das Frauenmantelkraut enthält Gerbstoffe, Bitterstoffe sowie Flavonoide. Die Gerbstoffe wirken adstringierend (zusammenziehend).

Geschichte und Mythologie

Der lateinische Name *Alchemilla* deutet auf die Alchemisten des Mittelalters hin. Sie glaubten, dass sie aus den Tautropfen, die die Blätter des Frauenmantels ausschwitzen, Gold herstellen könnten. Viele andere volkstümliche Namen beziehen sich auf diese Guttationstropfen, etwa Taubecherl, Taufänger, Regentropfen, Silbermantel.

Die Bezeichnung Löwenfußkraut beschreibt die ungewöhnliche Blattform des Frauenmantels. Viele seiner anderen Namen wie Frauenhäubel, Weiberkittel und Trauermantel erinnern an die Damenmode im Mittelalter. Auch die Mutter Gottes trug auf den mittelalterlichen Bildern oft einen weiten Mantel. Daher stammen die Namen Liebfrauen- oder Marienmantel.

Anwendung in der Klostermedizin

Im medizinischen Schriftgut der Antike wird Frauenmantel nicht erwähnt. Erst seit dem Mittelalter ist er ein verbreitetes Heilmittel. Paracelsus pries seine Heilkraft bei inneren und äußeren Wunden, und Hildegard von Bingen behandelte mit Frauenmantelkraut Geschwüre.
In der Klostermedizin wurden seine frischen Blätter zur Wundversorgung benutzt. Der Name Ohmkraut (*Ohm*: altdeutsch für Wunde) weist noch darauf hin. Hildegard von Bingen behandelte Geschwüre und offene Wunden mit Frauenmantelkraut. Vor allem aber wurde er als Heilmittel für Frauenleiden wie Menstruationsstörungen, Ausfluss und Unterleibsschmerzen genutzt. Er galt als wirksames Mittel zur Stärkung der Gebärmutter und Erleichterung der Geburt.

Wissenschaftlich empfohlene Anwendung

In der modernen Pflanzenheilkunde wird Frauenmantel nicht mehr angewendet, da man seine Heilwirkung bei Frauenleiden nicht nachweisen konnte. Frauenmantel ist manchmal jedoch noch Bestandteil von sogenannten Frauentees. Die schwach adstringierende Wirkung des Frauenmantels kann bei der Behandlung von leichten unspezifischen Durchfallerkrankungen genutzt werden. Wenn diese noch nach drei bis vier Tagen anhalten, könnte eine ernsthafte Erkrankung der Grund sein, was Sie ärztlich abklären sollten.

Bei sachgemäßer Anwendung sind Nebenwirkungen nicht zu befürchten. Wechselwirkungen mit anderen Heilmitteln oder Gegenanzeigen sind bisher nicht bekannt.

Anwendungsformen

Für einen Tee übergießen Sie drei Teelöffel getrocknetes Kraut mit einer Tasse heißem Wasser. Abgedeckt zehn Minuten lang ziehen lassen, dann abseihen. Trinken Sie ein bis drei Tassen täglich.

Gänsefingerkraut

Botanischer Name
Potentilla anserina
Es gehört zur Familie der Rosengewächse.

Volkstümliche Namen
Anserine, Dreckkraut, Gänserich, Krampfkraut, Silberkraut

Aussehen, Geruch und Geschmack

Gänsefingerkraut rankt sich am Boden entlang. Aus dem etwa 40 Zentimeter langen Stengel wachsen die Blätter aufrecht heraus. Sie erinnern an kurze Farnwedel und sind an der Unterseite silbrig behaart. Die goldgelben Blüten sitzen auf langen Stengeln.

Gänsefingerkraut riecht leicht süß und muffig. Sein Geschmack ist bitter und schleimig.

Standort, Blüte- und Erntezeit

Gänsefingerkraut kommt in ganz Mittel- und Nordeuropa vor. Es bevorzugt einen feuchten, kalkhaltigen Boden und wächst an den Ufern von Bächen und Flüssen, auf feuchten Wiesen und Waldlichtungen, aber auch Schutthalden.

Es blüht von Mai bis August und wird in der gleichen Zeit gesammelt.

Verwendete Pflanzenteile

Für die medizinische Anwendung werden die frischen oder getrockneten Blätter und Blüten gebraucht. Sie sollen im Gegensatz zu den anderen Heilpflanzen recht schnell trocknen. Am einfachsten geschieht dies im geöffneten Backofen bei 50 °C.

Wirksame Inhaltsstoffe

Gänsefingerkraut enthält Gerbstoffe, Phytosterole, Flavonoide und Anthocyane. Die Gerbstoffe wirken adstringierend (zusammenziehend). Die Phytosterole verbessern möglicherweise den Tonus der Gebärmuttermuskulatur.

Geschichte und Mythologie

Gänse fressen es gerne, und deshalb wurde die Pflanze auch oft Gänsefingerkraut oder Gänserich genannt. Die Bezeichnung Dreckkraut bezieht sich auf seine am Boden kriechenden Stengel. Der Name Silberkraut erinnert an seine glänzend silbrigen Blätter.

Im Volksglauben wurde Gänsefingerkraut als Amulettpflanze getragen. Seine Wurzel musste vor Sonnenaufgang am Johannistag ausgegraben werde, denn dann – so glaubte man – sei mit ihrer Hilfe die Liebe anderer Menschen zu gewinnen.

Anwendung in der Klostermedizin

Gänsefingerkraut ist im Mittelmeerraum nicht heimisch, deswegen war es den Ärzten der Antike unbekannt. In den meisten Kräuterbüchern des Mittelalters wurde das Gänsefingerkraut hingegen ausführlich besprochen. Die Klostermedizin machte sich seine stopfenden und schmerzstillenden Eigenschaften zunutze und wendete es gegen Ruhr, Magen-Darm-Krämpfe, Menstruationsbeschwerden (daher kommt auch der Name Krampfkraut), Blutungen, Entzündungen und Zahnschmerzen an.

Wissenschaftlich empfohlene Anwendung

Gänsefingerkraut besitzt im wesentlichen adstringierende Eigenschaften und wird deshalb bei leichten, unspezifischen Durchfallerkrankungen verwendet. Wenn die Durchfälle länger als drei bis vier Tage andauern, sollten Sie die Ursache von einem Arzt abklären lassen.

Bei Entzündungen der Mund- und Rachenschleimhäute spülen und gurgeln Sie mit einem starken Tee aus Gänsefingerkraut.

Zur Behandlung von Magen-Darm-Beschwerden und Menstruationsschmerzen ist die Wirkung des Gänsefingerkrauts zu schwach, aber als Bestandteil einer geeigneten Teemischung kann es durchaus wirksam sein.

Bei sachgemäßer Anwendung sind keine Nebenwirkungen zu befürchten. Wechselwirkungen mit anderen Heilmitteln oder Gegenanzeigen sind bisher nicht bekannt.

Anwendungsformen

Zur Behandlung von leichtem Durchfall ist ein Tee aus Gänsefingerkraut angebracht: Übergießen Sie einen Teelöffel getrocknetes, zerkleinertes Kraut mit einer Tasse heißem Wasser. Zehn Minuten zugedeckt ziehen lassen, danach abseihen. Trinken Sie dreimal täglich eine Tasse.

Für ein Spül- und Gurgelmittel übergießen Sie drei Teelöffel getrocknetes und zerkleinertes Kraut mit einem halben Liter Wasser, 15 Minuten lang zugedeckt ziehen lassen, schließlich absieben. Spülen und gurgeln Sie mit dieser Lösung mehrmals am Tag.

Bei Magen-Darm-Beschwerden hilft ein Tee aus Gänsefingerkraut und Fenchel, wobei der Fenchel auch der Geschmacksverbesserung dient. Bereiten Sie sich einen Tee aus Gänsefingerkraut zu, und geben Sie nach fünf Minuten einen Teelöffel zerquetschte Fenchelsamen hinzu. Lassen Sie den Tee weitere fünf Minuten zugedeckt ziehen. Trinken Sie dreimal täglich eine Tasse.

Zur Linderung von Schmerzen kurz vor und während der Periode trinken Sie einen Tee aus Gänsefingerkraut und Kamille: Geben Sie je einen Teelöffel Gänsefingerkraut und Kamille in eine Tasse, und übergießen Sie diese Mischung mit heißem Wasser. Zehn Minuten zugedeckt ziehen lassen, dann absieben. Trinken Sie dreimal täglich eine Tasse.

Warnhinweise

In seltenen Fällen kann Gänsefingerkraut Magenbeschwerden verursachen. Wenn solche Befindlichkeitsstörungen auftreten, sollten Sie es nicht mehr anwenden.

Hafer

Botanischer Name

Avena sativa

Er gehört zur Familie der Süßgräser.

Volkstümliche Namen

Biwen, Flöder, Haber, Hattel, Howern

Aussehen, Geruch und Geschmack

Hafer wird als Getreide angebaut und bis zu 1,20 Meter hoch. Der Stengel ist hohl. An seinem oberen Ende sitzen die Blütenstände in breiten, glockigen Rispen.

Das Haferstroh hat einen ganz eigenen, charakteristischen Geruch. Die Haferkörner riechen nur schwach und schmecken süß und mehlig.

Standort, Blüte- und Erntezeit

Hafer stammt wahrscheinlich aus Kleinasien und wächst heute weltweit in allen gemäßigten Klimazonen. Er wird feldmäßig als Getreide angebaut und ist sehr anspruchslos.

Hafer blüht im Juli und wird von August bis September geerntet.

Verwendete Pflanzenteile

Für den medizinischen Gebrauch werden das Haferstroh und die reifen Haferkörner verwendet.

Wirksame Inhaltsstoffe

Das Haferstroh enthält Pektine und Kieselsäure. Die wichtigsten Inhaltsstoffe der Haferkörner sind Flavonoide, Saponine, Avenacin, Vitamine, Lecithine, Mineralstoffe und hochwertiges Eiweiß. Möglicherweise vermag die Kieselsäure des Haferstrohs Hautausschläge zu mildern und generell die Hautbeschaffenheit zu verbessern.

Die Inhaltsstoffe des Haferkorns haben eine leicht beruhigende Wirkung. Für Mensch und Tier sind die Vitamine, Lecithine und das Eiweiß wichtige und hochwertige Nährstoffquellen.

Geschichte und Mythologie

Die alten Griechen und Römer schätzten den Hafer weder als Medizin noch als Ernährungspflanze, dagegen war er in Mittel- und Nordeuropa bis weit ins Mittelalter das wichtigste Hauptnahrungsmittel. Um eine gute Ernte zu erzielen, musste beim Aussäen des Hafers der Mondstand beachtet werden. Wenn es am Johannistag regnete, sollte die Haferernte besonders reichlich ausfallen. Spätestens am Bartholomäustag mussten die Haferfelder abgemäht sein.

Anwendung in der Klostermedizin

In der Klostermedizin wurden die Haferkörner oder das -stroh nur selten verwendet. Allenfalls legte man warmen Hafermehlbrei zur Behandlung von Geschwüren und Furunkeln auf die befallenen Stellen auf. Viel wichtiger war sein Wert als Schonkost. Auch heutzutage wird das Haferkorn verschieden zubereitet in der modernen Diätetik eingesetzt.

Wissenschaftlich empfohlene Anwendung

Ein Haferstrohbad ist möglicherweise zweckmäßig zur unterstützenden Behandlung von entzündlichen und schuppenden Hauterkrankungen.

Die beruhigende Wirkung des Avenacins im Haferkorn ist sehr gering. Im Bedarfsfall sollten Sie auf wirksamere Arzneipflanzen wie Baldrian, Hopfen oder Melisse zurückgreifen.

Anwendungsformen

Wenn Sie Hafer selbst verarbeiten wollen, sollten Sie ihn nur von einem ökologisch bewirtschafteten Hof beziehen.

Für ein Haferstrohbad benötigen Sie 100 Gramm Haferstroh, das Sie zerkleinern und 30 Minuten lang auskochen. Dann sieben Sie den Sud ab und schütten ihn in das Badewassser.

In einem wissenschaftlichen Versuch wurde 1971 untersucht, ob Hafertinktur als Entwöhnungsmittel eingesetzt werden könnte. 26 starke Raucher versuchten, sich mit Hafertinktur das Rauchen abzugewöhnen und hatten auch Erfolg. Leider konnte die Wirksamkeit der Hafertinktur zur Nikotin-Entwöhnung in späteren Untersuchungen nicht bestätigt werden.

Unumstritten ist jedoch der Wert von Haferkörnern und -flocken in der gesunden Ernährung und Diätetik. In Vollwertkochbüchern finden Sie eine Vielzahl von sehr schmackhaften Rezepten.

Als erprobtes Mittel hilft Haferschleim bei allen Magen-Darm-Verstimmungen: Kochen Sie eine Hand voll Haferflocken in einem halben Liter Wasser auf, geben Sie eine Prise Salz hinzu, und lassen Sie die Haferflocken zehn Minuten quellen.

Warnhinweise

Haferstrohbäder können allergische Hautreaktionen hervorrufen, die aber rasch abklingen. Auf jeden Fall sollten Sie, wenn solche Allergien auftreten, keine Haferstrohbäder mehr nehmen.

Heidelbeere

Botanischer Name

Vaccinium myrtillus

Sie gehört zur Familie der Heidekrautgewächse.

Volkstümliche Namen

Bickbeere, Blaubeere, Krähenauge

Aussehen, Geruch und Geschmack

Die Heidelbeere ist ein 20 bis 50 Zentimeter hoher, buschig wachsender Halbstrauch, dessen ledrige Blätter klein sind und eiförmig spitz zulaufen. In den Blattachsen sitzen die kleinen, kugeligen Blüten, die eine grünblassrosa Farbe besitzen. Die Frucht ist eine blauschwarze, mit einem Hauch von Weiß überzogene erbsengroße Beere, die an ihrer Oberseite einen kleinen dunklen Kreis aufweist.

Heidelbeeren haben einen feinen herben Geruch, der an einen frischen Wald erinnert. Die frischen Beeren schmecken säuerlich süß und aromatisch – die getrockneten etwas herb.

Standort, Blüte- und Erntezeit

Der Heidelbeerstrauch ist in ganz Mittel- und Nordeuropa, Nordasien sowie Nordamerika verbreitet. Er wächst in Kolonien im Unterholz von Nadelwäldern. Auf kalkhaltigen Böden gedeiht er nicht.

Seine Blütezeit dauert von April bis Juni. Die Blätter werden von April bis Juni, die Heidelbeeren von Juli bis Anfang September gesammelt.

Verwendete Pflanzenteile

Verwendet werden nur die reifen Beeren. Die Blätter der Heidelbeere sollten Sie zur Sicherheit nicht benutzen, denn ihre Inhaltsstoffe können zu Vergiftungen führen. Trocknen Sie die Beeren im Backofen bei etwa 40 °C. Sie können sie auch frisch verwenden und zu Saft, Kompott, Marmelade, Wein oder Likör verarbeiten.

Wirksame Inhaltsstoffe

Die Blätter enthalten Gerbstoffe, organische Säuren und das Glukokinin Myrtillin. Auch die Beeren besitzen reichlich Gerbstoffe sowie organische Säuren und einen stark färbenden blauen Farbstoff. Die Gerbstoffe der Heidelbeeren und besonders die der getrockneten Beeren wirken stopfend bei Durchfällen. Ihr Erfolg ist größer als der der bekannten Apfel-Möhren-Diät.

Das Gegenteil lösen jedoch die frischen Beeren aus: In größerer Menge gegessen, wirken sie abführend. Die Ballaststoffe sowie die Reizwirkung der Kerne und Fruchtsäuren haben diesen Effekt.

Der blaue Farbstoff der Beeren wirkt antibakteriell und damit auch entzündungshemmend sowie desinfizierend. Bei der Behandlung von Durchfällen unterstützt er die Wirkung des Fruchtfleischs der Heidelbeeren.

Geschichte und Mythologie

Der Name Blaubeere rührt von der blauen Farbe der Beeren her. Und zu der Bezeichnung Krähenauge verhalf der kreisförmige Abschluss der Beere.

Anwendung in der Klostermedizin

Die Heidelbeere war den Ärzten der Antike unbekannt, da sie in den mittel- und nordeuropäischen Regionen zu Hause ist. Auch in den Kräuterbüchern des Mittelalters wird sie nur selten erwähnt. Sie taucht darin lediglich als Heidelbeersirup zur Behandlung von Husten und Lungenschwindsucht auf. Hildegard von Bingen beschrieb sie in der »Physica« als Wattbeere, sprach ihr aber keine heilende Wirkung zu.

Wissenschaftlich empfohlene Anwendung

Die getrockneten Heidelbeeren sind ein wirksames Mittel gegen Durchfallerkrankungen. Ihre Gerbstoffe wirken adstringierend (zusammenziehend), der blaue Farbstoff zusätzlich desinfizierend und entzündungshemmend.

Entzündliche Erkrankungen der Mundhöhle lassen sich mit einer Abkochung aus Heidelbeeren gut behandeln.

Eine chronische Obstipation (Verstopfung) kann ebenfalls durch den reichlichen Genuss von rohen Heidelbeeren günstig beeinflusst werden.

Die Heidelbeerblätter werden in der modernen Pflanzenheilkunde nicht mehr angewendet, weil der Wirkstoff Myrtillin Vergiftungen der Leber hervorrufen kann.

Bei sachgemäßer Anwendung von Heidelbeeren sind Nebenwirkungen nicht zu befürchten. Wechselwirkungen mit anderen Heilmitteln oder Gegenanzeigen sind bisher nicht bekannt.

Anwendungsformen

Zur Behandlung von Durchfall kochen Sie drei Esslöffel getrocknete Beeren zehn Minuten in einem halben Liter Wasser aus. Dann absieben und mehrmals täglich eine Tasse trinken.

Ungesüßter Heidelbeersaft ist ebenfalls zur Behandlung von Durchfällen geeignet. In Verbindung mit Quark hat er eine stopfende Wirkung. Entsaften Sie die frischen Beeren schonend in einem Entsafter. Auch aus den getrockneten Heidelbeeren können Sie einen Saft herstellen. Zermahlen Sie die Beeren, und kochen Sie diese drei Minuten mit Wasser auf. Seihen Sie dann die Flüssigkeit ab.

Zur Behandlung von chronischer Obstipation (Verstopfung) essen Sie ein- bis zweimal täglich eine große Portion der frischen Beeren.

Für eine Mundspülung kochen Sie zwei Esslöffel getrocknete Beeren zehn Minuten in einem Viertelliter Wasser aus. Dann abseihen und mehrmals täglich den Mund damit ausspülen.

Verarbeiten Sie die frischen Heidelbeeren zu Kompott, Saft, Wein oder Likör.

Warnhinweise

Die Glucokinine der Blätter sind giftig für den Leberstoffwechsel. Deshalb kann die längere Anwendung von Heidelbeerblättertee schwere Vergiftungen hervorrufen.

Holunder

Botanischer Name
Sambucus nigra
Er gehört zur Familie der Geißblattgewächse.

Volkstümliche Namen
Holler, Hollerbeere, Schwarzer Flieder, Schwitztee

Aussehen, Geruch und Geschmack

Der Holunder erreicht eine Höhe von drei bis sieben Metern. Seine Rinde ist rissig sowie hellbraun, und die jungen Zweige haben eine grüne Färbung. Ihr Inneres besteht aus einem weichen, weißen Mark. Die Blätter sind länglich sowie spitz-oval. Die Blütenstände bestehen aus vielen kleinen, gelblichweiß blühenden Einzelblüten, welche Fliederblüten ähnlich sehen. Die reifen Holunderbeeren hängen an roten, kurzen Stielen. Sie sind glänzend schwarzviolett, klein und kugelig. Ihr Saft ist blutrot und färbt stark ab.
Die frischen Blüten verströmen einen aufdringlich süßlichen Duft. Weniger intensiv riechen dagegen die getrockneten Blüten – ihr Geschmack ist würzig und etwas bitter. Blätter und Rinde riechen eher abstoßend und schmecken gallig.

Standort, Blüte- und Erntezeit

Der Holunder kommt in ganz Europa, Kleinasien und Westsibirien vor. Er braucht sonnige bis halbschattige Plätze, ist anspruchslos und wächst in hellen Wäldern, Gebüschen und Hecken sowie an Wegrändern. Häufig ist Holunder auch in Bauerngärten zu Hause. Die Pflanze bevorzugt einen stickstoffreichen Boden und ist deshalb überall dort anzutreffen, wo auch Brennnesseln wachsen.

Holunder blüht von Mai bis Juni. Die reifen Beeren werden von September bis Oktober gesammelt.

Verwendete Pflanzenteile

Am häufigsten werden die Holunderblüten verwendet. Aus den frischen Holunderblüten lässt sich ganz einfach ein erfrischender Holundermost zubereiten. Zum Trocknen schneiden Sie die Blütendolden ab und breiten diese auf einem luftigen Gestell flach liegend nebeneinander aus. Wenn die Blütenstände etwas angedörrt sind, rebbeln Sie die Blüten vorsichtig ab und lassen sie sorgfältig nachtrocknen, sodass ihre Farbe erhalten bleibt. Die frischen, reifen Beeren eignen sich zur Herstellung von Saft, Kompott und Marmelade.

Wirksame Inhaltsstoffe

Die Holunderblüten enthalten ätherische Öle, Flavonoide, Glykoside, Gerbstoffe und Steroide. Die Glykoside haben eine schweißtreibende Wirkung. Zusammen mit den ätherischen Ölen steigern sie auch die Sekretion der Bronchialdrüsen und erleichtern so das Abhusten.

Die Holunderfrüchte enthalten die Vitamine C, B_1 und B_2, organische Säuren, Bitterstoffe, ätherische Öle und Farbstoff.

Durch ihren hohen Vitaminanteil sind sie ein wertvolles Lebensmittel.

Geschichte und Mythologie

Bei den alten Germanen galt der Holunderbaum als heilig, weil er der Wohnsitz der das Haus beschützenden Göttin Holle war. Die Namen Holler oder Hollerbeere erinnern noch daran. An jedem Haus oder zumindest in jedem Garten wuchs deshalb auch ein Holunderbaum. Seine schweißtreibende Wirkung schlägt sich in der Bezeichnung Schwitztee nieder. Das fliederähnliche Aussehen der Blüten gab ihm den Namen Schwarzer Flieder.

Im mittelalterlichen Volksglauben war es ein schweres Verbrechen, einen Holunderbaum zu fällen: Der Frevler würde viel Unglück erleiden oder gar innerhalb von drei Tagen sterben.

Anwendung in der Klostermedizin

Holunder gehört zu den ältesten Heilpflanzen. Er war schon in der Stein- und Bronzezeit bekannt. Bei Ausgrabungen von Siedlungen aus dieser Zeit wurden Holundersamen und -zweige gefunden. Auch die antiken Ärzte Dioskurides und Hippokrates schätzten Holunder als abführendes und harntreibendes Mittel.

In allen mittelalterlichen Kräuterbüchern wird der Holunder als ein Universalheilmittel gelobt. Der Wissenschaftler Albertus Magnus berichtete, dass seine innere Rinde von oben nach unten abgeschabt ein Abführmittel und von unten nach oben abgeschält ein Brechmittel sei. Diese Annahme war auch in der Volksheilkunde weit verbreitet.

In der Klostermedizin empfahl man Abkochungen von Holunderblüten und -saft zum Austreiben von Erkältungen, Fieber und Rheuma. Holunderbeerenmus wurde zur Anregung der Verdauung und Holunderwein zur Blutreinigung, zur allgemeinen Kräftigung sowie zur Appetitsteigerung verordnet. Die Blätter wurden ausgekocht, und der Sud sollte äußerlich angewendet bei »heyssen Beinen und faulen Brüchen« helfen.

Wissenschaftlich empfohlene Anwendung

Abkochungen aus Holunderblüten wirken schweißtreibend. Oft wurde und wird behauptet, dass dieser Effekt auch mit der gleichen Menge anderer heißer Flüssigkeiten erzielt werden könnte. In vergleichenden Experimenten wurde jedoch nachgewiesen, dass die schweißtreibende Wirkung der Holunderblüten tatsächlich erheblich höher ist als die von heißer Flüssigkeit (wie Grog, Punsch oder heißem Zuckerwasser) alleine. Die Wirkstoffe der Holunderblüten regen das Wärmeregulationszentrum des Gehirns an und steigern dadurch die Schweißproduktion.

Holunderblütentee ist auch ein wirksames Mittel bei chronischem Husten und zur allgemeinen Immunsystemstärkung.

Die gekochten, reifen Früchte werden nur noch selten als mildes Abführmittel eingesetzt.

Bei sachgemäßer Anwendung sind Nebenwirkungen nicht zu befürchten. Wechselwirkungen mit anderen Heilmitteln oder Gegenanzeigen sind bisher nicht bekannt.

Anwendungsformen

Für einen Tee aus Holunderblüten überbrühen Sie zwei Teelöffel getrocknete Holunderblüten mit einer Tasse kochendem Wasser. Zugedeckt drei Minuten ziehen lassen, absieben und so heiß wie möglich trinken. Trinken Sie vier bis fünf Tassen täglich.

Für eine Schwitzkur bei Erkältungskrankheiten trinken Sie zwei Tassen Holundertee so heiß wie möglich und nehmen anschließend ein heißes Vollbad mit Holunderblüten (siehe Seite 206). Diese Prozedur ist sehr anstrengend, halten Sie anschließend Bettruhe.

Holunderwein und Holundermost sind bewährte Mittel zur Steigerung der allgemeinen Abwehrkräfte. Für einen Holunderwein lassen Sie 20 Gramm getrocknete Holunderblüten in einem Liter Wein eine Woche lang ziehen, dann abseihen. Trinken Sie täglich ein bis zwei Tassen heißen Holunderwein.

Auch Holundermost läßt sich ganz einfach herstellen. Er ist ein erfrischendes und belebendes Getränk, das gerne unterstützend während einer Frühjahrskur getrunken wird. Setzen Sie sieben große Dolden Holunderblüten mit sieben Litern Wasser an. Fügen Sie drei unbehandelte Zitronen, entkernt und in dicke Scheiben geschnitten, hinzu. Lassen Sie diese Mischung 24 Stunden lang ziehen, und seihen Sie diese dann durch ein Baumwolltuch ab. Geben Sie ein Kilogramm Zucker und je nach Geschmack auch etwas Zitronensaft hinzu. Rühren Sie diese Lösung so lange um, bis sich der Zucker aufgelöst hat. Dann in blitzsaubere, dicht verschließbare Flaschen umfüllen. Die Flaschen bewahren Sie stehend an einem kühlen, dunklen Ort auf. Innerhalb von drei bis vier Wochen wird der Zucker zu Kohlensäure vergoren. Nach vier Wochen ist der Holundermost trinkfertig. Gut gekühlt schmeckt er besonders aromatisch.

Die reifen, frischen Holunderbeeren sind gekocht ein schmackhaftes Kompott, das leicht abführend wirkt.

Zur Gewinnung von Holundersaft kochen Sie ein Kilogramm reife Holunderbeeren mit Zucker und einem Liter Wasser fünf Minuten. Abkühlen lassen und durch ein Sieb treiben. Füllen Sie den Saft in einwandfrei saubere Flaschen um, die Sie dicht verschlossen im Kühlschrank aufbewahren.

Warnhinweise

Vor allem die noch nicht reifen Holunderbeeren enthalten in geringer Menge das Gift Blausäure, welches auch im Lauf der Reifezeit der Früchte nicht vollständig abgebaut wird. Es kann nur durch Kochen unwirksam gemacht werden. Verzehren Sie deshalb die Holunderbeeren niemals roh, und achten Sie sorgfältig darauf, dass keine grünen oder halbreifen Beeren in Ihre Rezepturen geraten.

Hopfen

Botanischer Name
Humulus lupulus
Er gehört zur Familie der Hanfgewächse.

Volkstümliche Namen
Bierhopfen, Hopfenzapfen, Wilder Hopfen

Aussehen, Geruch und Geschmack

Der Hopfen ist eine ausdauernde, dicht belaubte, kletternde Schlingpflanze, die eine Höhe von bis zu sechs Metern erreicht. An den Stengeln sitzen die harten, rauen Kletterhäkchen. Die Blätter sind drei- bis fünffach eingeschnitten und borstig behaart.

Der Hopfen ist zweigeschlechtlich: männliche und weibliche Blüten wachsen auf einer Pflanze. Die männlichen Blüten sind unscheinbar und grünlichweiß. Sie wachsen in lockeren Rispen aus den Blattachsen heraus. Die weiblichen Blüten bilden zur Reifezeit die sogenannten Hopfenzapfen aus. Sie sehen aus wie kleine, hellgrüne Tannenzapfen. Auf der Unterseite der weiblichen Blüten sitzen Drüsen, die die wertvollen Inhaltsstoffe liefern.

Die Hopfenzapfen verströmen einen sehr aromatischen Duft. Ihr Geschmack ist würzig bitter und zusammenziehend.

Standort, Blüte- und Erntezeit

Der Hopfen ist in fast ganz Europa, Westasien und Nordamerika verbreitet. Er wächst auf den nährstoffreichen, feuchten Böden und ist wildwachsend an Waldrändern, Flussufern und in Hecken zu finden. Gewerblich wird er vor allem in Süddeutschland angebaut.

Hopfen blüht von Juli bis August. Die Zapfen werden von August bis September gesammelt.

Verwendete Pflanzenteile

Sammeln Sie die Hopfenzapfen kurz bevor sie vollständig aufgeblüht sind. So vermeiden Sie, dass die wertvollen Drüsenschuppen abfallen. Trocknen Sie die Zapfen ausgebreitet auf einem luftigen Gestell, und schütteln Sie sie dann auf einem großen Sieb kräftig aus, sodass das Hopfenmehl herausfällt. Das Hopfenmehl (medizinisch: *Glandulae lupuli*) sind die getrockneten Drüsenschuppen. Wenn Sie die getrockneten Hopfenzapfen (medizinisch: *Strobili lupuli*) im Ganzen verwenden wollen, z. B. für ein Hopfenbad, dann füllen Sie diese vorsichtig in große Behälter um, damit das Hopfenmehl nicht verloren geht.

Wirksame Inhaltsstoffe

Hopfen enthält die Bitterstoffe Humulon und Lupulon, die nicht nur für den Geschmack des Biers und seine beruhigende Wirkung sorgen, sondern generell einen beruhigenden und schlaffördernden Einfluss haben. Die Bitterstoffe regen die Produktion von Magensäften an und wirken appetitsteigernd.

Geschichte und Mythologie

Der Hopfen ist eine alte Heil- und Kulturpflanze. Schon von den Mönchen des frühen Mittelalters wurde er für das Brauen von Bier entdeckt und diente wahrscheinlich der Aromatisierung dieses Getränks. In »Capitulare de Villis« gab Karl der Große auch die Anweisung, Hopfen anzubauen.

Anwendung in der Klostermedizin

In der mittelalterlichen Klostermedizin wird Hopfen vor allem als menstruationsfördernd, harntreibend und blutreinigend beschrieben. Paracelsus behandelte Magenbeschwerden, Durchfall und Blähungen mit Hopfen.

Wissenschaftlich empfohlene Anwendung

Hopfen ist ein mildes Beruhigungsmittel, das bei Angstzuständen, nervöser Unruhe und Schlaflosigkeit eingesetzt wird.

Seine Bitterstoffe steigern den Appetit und wirken möglicherweise auch einem Samenerguss im Schlaf *(Pollution)* und vorzeitigen Samenerguss *(Ejaculatio praecox)* entgegen.

Bei sachgemäßer Anwendung sind keine Nebenwirkungen zu befürchten. Wechselwirkungen mit anderen Heilmitteln oder Gegenanzeigen sind bisher nicht bekannt.

Anwendungsformen

Bei allgemeiner nervöser Unruhe und Angstzuständen hilft ein Tee aus Hopfenzapfen. Übergießen Sie einen Teelöffel Hopfenzapfen mit einer Tasse heißem Wasser, und lassen Sie den Aufguss abgedeckt zehn Minuten ziehen, dann absieben. Trinken Sie mittags und abends jeweils eine Tasse.

Bei Schlaflosigkeit bereiten Sie sich am besten einen Tee aus Baldrian und Hopfen zu, denn die schlaffördernde Wirkung des Hopfens ist recht schwach und wird durch Baldrian effektiv verstärkt. Überbrühen Sie zwei Teelöffel getrocknete und geraspelte Baldrianwurzel mit einer Tasse kochendem Wasser, und lassen Sie den Aufguss 30 Minuten abgedeckt ziehen. Nicht abseihen, sondern wieder auf etwa 60 °C erhitzen. Dann übergießen Sie damit einen Teelöffel Hopfen und lassen diese Mischung zugedeckt zehn Minuten ziehen, danach abseihen.

Anstelle von Hopfentee können Sie auch das Hopfenmehl verwenden. Nehmen Sie drei- bis viermal täglich eine Messerspitze davon ein.

Auch ein Hopfenbad wirkt beruhigend und schlaffördernd. Übergießen Sie 100 Gramm Hopfenzapfen mit zwei Litern heißem Wasser, und lassen Sie die Mischung abgedeckt 20 bis 30 Minuten ziehen. Abseihen und dem Badewasser zugeben.

Ein Hopfenkissen ist ein bewährtes Mittel zum Ein- und Durchschlafen. Füllen Sie eine kleine Kissenhülle aus Baumwolle mit den Hopfenzapfen, und legen Sie das Kissen neben Ihr Kopfkissen. Der ausströmende Duft des Lupulons wird Sie traumhaft schlafen lassen.

Huflattich

Botanischer Name
Tussilago farfara
Er gehört zur Familie der Korbblütengewächse.

Volkstümliche Namen
Brustlattich, Fohlenfuß, Hufblatt, Hustenkraut, Märzblume, Tabakkraut

Aussehen, Geruch und Geschmack

Huflattich ist einer der ersten Frühlingsboten. Daher der Name Märzblume. Sobald der Schnee geschmolzen ist, erscheinen seine goldgelben, strahlenförmigen Blüten, die einzeln auf bis zu 20 Zentimeter hohen schuppigen Stielen sitzen und schwach nach Honig duften. Erst wenn die Blüten verwelken, wachsen die Blätter aus dem Boden. Sie sind herzförmig und auf der Unterseite mit einem silbrigen Filz behaart.

Der Geschmack der Blätter ist zusammenziehend, leicht bitter und etwas schleimig.

Standort, Blüte- und Erntezeit

Huflattich ist in Europa, Nordasien und Nordamerika verbreitet. Er wächst auf lehmigen tonhaltigen Böden, Äckern, Schutthalden, an Wegrändern und auf steinigem Untergrund. Er braucht viel Sonne, damit sich seine Wirkstoffe voll entwickeln können.

Huflattich blüht von Februar bis April und wird von Mai bis Juni gesammelt.

Verwendete Pflanzenteile

Für die medizinische Anwendung werden die Blätter *(Farfarae folium)* gesammelt. Entfernen Sie die Blattstiele, und schneiden Sie die Blätter in grobe Stücke. Zum Trocknen breiten Sie diese locker in einer höchstens einen Zentimeter dicken Lage auf einem Gestell aus.

Wirksame Inhaltsstoffe

Die Huflattichblätter enthalten Schleim-, Gerb-, Bitterstoffe und ein giftiges Alkaloid (Pyrrolizidin). Durch ihren hohen Gehalt an Schleim- und Bitterstoffen wirken Zubereitungen aus Huflattichblättern krampflösend und entzündungshemmend. Bei Heiserkeit und chronischen Bronchialkatarrhen mit hartnäckigem Husten sind sie ein altbewährtes Mittel.

Entzündungen der Mund- und Rachenschleimhäute sowie der Hautoberfläche heilen durch die Behandlung mit Huflattich gut ab.

Geschichte und Mythologie

Die botanische Bezeichnung *Tussilago* ist von dem lateinischen *tussis* (Husten) und *agere* (vertreiben) abgeleitet. Auch die volkstümlichen Namen wie Brustlattich oder Hustenkraut lassen erkennen, dass Huflattich ein altbewährtes Mittel gegen Bronchialleiden ist. Die Form der Blätter hat der Pflanze ihren Namen gegeben, die ja auch Hufblatt oder Fohlenfuß genannt wird.

Huflattich breitet sich schnell aus und kann durchaus zum lästigen Unkraut werden. Ein alter Volksglaube sagt, wenn er an Maria Himmelfahrt, also am 15. August, ausgegraben wird, »dann läßt er sich nicht wieder blicken«.

Anwendung in der Klostermedizin

Huflattich ist eine uralte Heilpflanze, bereits die Germanen nutzten ihn als Wundkraut. Die antiken Ärzte Hippokrates, Plinius der Ältere und Dioskurides empfahlen ihn bei trockenem Husten. Dioskurides verbrannte die Huflattichblätter auf Holzkohle und ließ die Kranken den Rauch inhalieren. Wahrscheinlich hat sich diese Art der Behandlung bis ins Mittelalter erhalten – der Name »Tabakkraut« könnte darauf hinweisen.

In allen mittelalterlichen Kräuterbüchern wird Huflattich als Mittel »wider alle Gebresten der Brust« (Matthiolus) gebraucht und auch Hildegard von Bingen war von seiner Heilkraft bei Lungenerkrankungen überzeugt.

Wissenschaftlich empfohlene Anwendung

Es ist nachgewiesen, dass Huflattich reizlindernd und entzündungshemmend wirkt. Dies kommt vor allem bei chronisch festsitzendem Husten und Katarrhen der Atemwege, die mit Heiserkeit und Reizhusten einhergehen, zur Geltung.

Auch oberflächliche Entzündungen der Haut und leichte Entzündungen der Mund- und Rachenschleimhäute heilen mit Zubereitungen aus Huflattich gut ab.

Bei sachgemäßer Anwendung sind Nebenwirkungen nicht zu befürchten. Wechselwirkungen mit anderen Heilmitteln sind bisher nicht bekannt.

Anwendungsformen

Bei chronischen Erkrankungen der Atemwege leistet ein Huflattichtee gute Dienste. Übergießen Sie einen gehäuften Teelöffel getrocknete Huflattichblätter mit einer Tasse heißem Wasser. Fünf Minuten abgedeckt ziehen lassen, dann absieben. Trinken Sie täglich zwei bis drei Tassen.

Entzündungen der Mund- sowie der Rachenschleimhäute bekämpfen Sie, indem Sie mit dem Huflattichtee Mundspülungen durchführen und auch mit ihm gurgeln.

Bei oberflächlichen Entzündungen der Haut zerkleinern Sie die frischen Blätter und legen diese auf die betroffenen Stellen. Mehrmals täglich wiederholen.

Warnhinweise

Huflattich enthält ein möglicherweise leberschädigendes Gift, das im Tierversuch auch Krebs verursacht hat. Deshalb darf Huflattich nicht länger als vier bis sechs Wochen pro Jahr angewendet werden.

Auch während einer Schwangerschaft, in der Stillzeit und bei Kindern dürfen Zubereitungen aus Huflattich nicht eingesetzt werden.

Johanniskraut

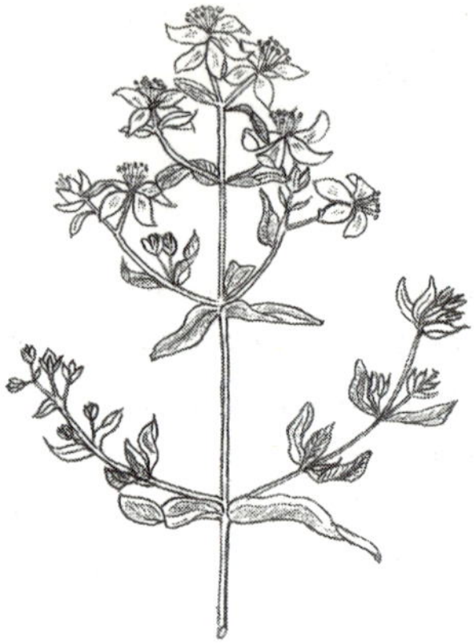

Botanischer Name
Hypericum perforatum
Es gehört zur Familie der Hartheugewächse.

Volkstümliche Namen
Blutkraut, Hartheu, Johannisblume, Sonnwendkraut, Teufelskraut, Tüpfelkraut

Aussehen, Geruch und Geschmack

Das Johanniskraut ist eine sehr schöne, goldgelb blühende Pflanze und wird bis zu einem Meter hoch. Es hat zweikantige Stengel, was eine Besonderheit im Pflanzenreich ist, denn in der Regel sind sie rund oder vierkantig. Die Stiele verzweigen sich buschig und tragen zur Blütezeit zahlreiche Blütendolden. Die gelben Blütenblätter weisen viele kleine, schwarze Punkte auf, die einen roten Farbstoff enthalten, das Hypericin, der austritt, wenn man die Blüten zwischen den Fingern zerreibt.
Die Blüten duften balsamisch. Ihr Geschmack ist harzig, leicht bitter und etwas zusammenziehend.

Hält man die kleinen, eiförmigen Blätter gegen das Licht, so sind viele helle Punkte zu erkennen, die dem Johanniskraut auch den Namen Tüpfelkraut gaben. Diese hellen Punkte sind Sekretbehälter. Sie enthalten feinste Tröpfchen von ätherischen Ölen und Harz. Die drei beschriebenen Merkmale unterscheiden das medizinisch wirksame Johanniskraut von den anderen drei Johanniskrautarten, die in der Heilkunde keine Bedeutung haben.

Standort, Blüte- und Erntezeit

Das Johanniskraut kommt in ganz Europa vor, mit Ausnahme des hohen Nordens, und wächst auf sonnigen, trockenen Böden. Es ist an Wald- und Wegrändern, in Gebüschen sowie trockenen Wiesen zu finden.

Es blüht von Ende Juni bis Juli und wird von Ende Juni bis in den August gesammelt.

Verwendete Pflanzenteile

Geerntet wird das blühende Kraut, aber ohne die verholzten Stiele. Hängen Sie es in losen Bündeln kopfüber zum Trocknen auf. Wenn es verdorrt ist, streifen Sie die Blätter und Blüten von den Stengeln und bewahren sie gut verschlossen auf. Wollen Sie Johanniskrautöl herstellen, verwenden Sie nur die frischen Blüten.

Wirksame Inhaltsstoffe

Die Blüten enthalten das Flavonoid Hypericin, die Blätter einen Abkömmling des Hypericins. Beide Stoffe (Gesamt-Hypericin) haben bei innerer Anwendung eine stimmungsaufhellende Wirkung.

Das gesamte Kraut enthält außerdem noch weitere Flavonoide, ätherische Öle und Gerbstoffe, die, äußerlich angewendet, schmerzlindernd bei Prellungen, Quetschungen und Verbrennungen ersten Grades wirken.

Geschichte und Mythologie

Das Johanniskraut ist eine uralte Heilpflanze, um die sich viele Geschichten ranken. Wegen seiner goldgelben Blüten war es bei den Germanen ein Symbol des Sonnenkults. Daher stammt sein Name Sonnwendkraut.

Der Teufel hasste es angeblich und stach Löcher in die Blättchen und Blüten, weil er die vom Blute Christi stammende Heilkraft zerstören wollte, deshalb wurde es auch Teufelskraut genannt.

Dem Volksglauben nach soll Johanniskraut besonders heilsam sein, wenn es am Johannistag, dem 24. Juni, gesammelt wird, denn nachdem Johannnes der Täufer geköpft wurde, sei es aus seinem Blut gewachsen. Dieser Legende verdankt die Pflanze ihren populärsten Namen: Johanniskraut.

Anwendung in der Klostermedizin

Johanniskraut war schon dem griechischen Arzt Dioskurides bekannt. Er empfahl es zur Behandlung von Brandwunden und Ischiasschmerzen. Auch Paracelsus rühmte seine Heilkraft: »Seine Tugend kann gar nicht beschrieben werden, wie groß sie eigentlich ist und gemacht werden kann ...«

Es wird in allen mittelalterlichen Kräuterbüchern erwähnt: Man verordnete hauptsächlich Einreibungen mit Johanniskrautöl, die eine schmerzstillende Wirkung haben, und es wurde bei Gicht- und Rheumaschmerzen, Prellungen, blutenden Wunden sowie Verbrennungen verwendet.

Wissenschaftlich empfohlene Anwendung

In der modernen Pflanzenheilkunde wird vor allem die stimmungsaufhellende Wirkung des Johanniskrauts genutzt. Ein erster Erfolg macht sich frühestens nach zwei bis drei Wochen bemerkbar. Es muss mindestens zwei bis drei Monate eingenommen werden, um eine dauerhafte Besserung der Beschwerden zu erreichen. Anwendungsgebiete sind leichte depressive Verstimmungen, psychosomatische Beschwerden sowie Angst- und Unruhezustände, wie sie bei der vegetativen Dystonie auftreten können.

Einreibungen mit Johanniskrautöl dienen der Therapie und Nachbehandlung von Prellungen und Muskelkater. Auch Muskelschmerzen, wie sie bei Grippe, Rheuma oder Hexenschuss auftreten, werden durch Johanniskrautöleinreibungen gelindert.

Bei sachgemäßer Anwendung sind Nebenwirkungen nicht zu befürchten. Wechselwirkungen mit anderen Heilmitteln oder Gegenanzeigen sind bisher nicht bekannt.

Anwendungsformen

Johanniskraut wird als Teezubereitung oder als Heilöl angewendet. Das Rezept zur Herstellung von Johanniskrautöl finden Sie auf Seite 209. Für einen Johanniskrauttee übergießen Sie einen Teelöffel mit einer Tasse siedendem Wasser. Abgedeckt zehn Minuten ziehen lassen, dann absieben. Trinken Sie morgens und abends je eine Tasse.

Warnhinweise

Besonders bei hellhäutigen Menschen kann der Wirkstoff Hypericin unter der Sonneneinstrahlung zu Hautveränderungen führen, die einem Sonnenbrand ähnlich sind. Meiden Sie daher den Aufenthalt in der Sonne und den Besuch eines Solariums. Cremen Sie sich mit einem Sonnenschutzmittel ein, das einen hohen Lichtschutzfaktor hat.

Kamille

Botanischer Name

Matricaria chamouilla

Sie gehört zur Familie der Korbblütengewächse.

Volkstümliche Namen

Apfelblümli, Echte Kamille, Kuhmelle, Kummerblume, Mariamagdalenenkraut, Mutterkraut

Aussehen, Geruch und Geschmack

Es gibt fünf verschiedene Arten der Kamille, die aber leicht zu unterscheiden sind: Echte Kamille *(Matricaria chamonilla)*, Römische Kamille *(Anthemis nobilis)*, Strahlenlose Kamille *(Matricaria discoidea)*, Geruchlose Kamille *(Matricaria inodora)* und die Hundskamille *(Anthemis arvensis)*. Die beiden letzten Arten haben keinen medizinischen Wert.

Die Echte Kamille wächst aufrecht bis zu 50 Zentimetern mit kahlen, verzweigten Stengeln, an denen dünne Blättchen sitzen. An jedem Stengelende sitzt eine Einzelblüte mit hochgewölbtem, gelben Blütenboden und weißen Blütenblättern. Die Blüten duften und schmecken würzig aromatisch und balsamisch. Wenn man den Blütenboden senkrecht durchschneidet, so ist er innen hohl. Dadurch unterscheidet sich die Echte Kamille von der Hundskamille.

Die Hundskamille sieht der Echten Kamille zum Verwechseln ähnlich, aber ihr Blütenboden ist flach und, wenn er senkrecht durchgeschnitten wird, gefüllt. Außerdem riecht sie wie eine alte

Hundehütte. Auch die Geruchlose Kamille ähnelt sehr der Echten Kamille. Ihr Wuchs ist stämmiger, und sie duftet nicht.

Bei der Strahlenlosen Kamille fehlen die weißen Blütenblätter, aber auch sonst sieht sie der Echten Kamille überhaupt nicht ähnlich. Sie wächst niedrig am Boden, hat einen stämmigen Mitteltrieb, aus dem seitlich die verzweigten, mit dünnen Blättchen besetzten Stengel wachsen. An ihren Enden sitzen kugelige, gelbe Blütenköpfe, deren Geruch dem der Echten Kamille ähnlich ist, aber eher streng und nicht so aromatisch.

Die Römische Kamille gehört zur gleichen Gattung wie die Hundskamille. Sie besitzt aber keinen deutlich erkennbaren, nackten Blütenboden, sondern ihre Blüte ist gelblichweiß gefüllt. Die dichten äußeren Blütenblätter sind weiß. Die Römische Kamille wird bis zu 40 Zentimeter hoch. Ihr ganzes Aussehen wirkt krautig, weil ihre Stengel dicht mit dünnen sowie gefiederten Blättchen besetzt sind.

Standort, Blüte- und Erntezeit

Die Echte Kamille ist in ganz Europa, West- und Mittelasien verbreitet. Sie kommt überall in Deutschland vor, wächst hier aber nur wild, weil sie sich nicht für den feldmäßigen Anbau eignet. Sonnige bis halbschattige Standorte braucht sie und bevorzugt Äcker, Wegränder, Böschungen und Schutthalden. Durch den Einsatz von Unkrautbekämpfungsmitteln ist sie in manchen Gegenden leider schon fast ausgerottet.

Sie blüht von Mai bis Ende August. In dieser Zeitspanne wird sie auch gesammelt. Die Römische Kamille ist in England und Frankreich beheimatet. In Deutschland kommt sie wildwachsend nicht vor.

Im Folgenden soll nur die Echte Kamille vorgestellt werden. Die Römische Kamille entspricht in ihrer Arzneiwirkung der Echten Kamille, ist jedoch schwächer.

Verwendete Pflanzenteile

Gesammelt werden nur die Blütenköpfe, und zwar dann, wenn die weißen Blütenblätter sich leicht nach unten neigen. Das ist etwa am dritten bis fünften Tag nach dem Aufblühen der Fall. Breiten Sie die Blütenköpfe lose auf einem luftigen Gestell aus, und lassen Sie diese langsam trocknen.

Wirksame Inhaltsstoffe

Die Blütenköpfe *(Matricariae flos)* enthalten Flavonoide und die ätherischen Öle Chamazulen und α-Bisabolol. Sie wirken entzündungshemmend, krampflösend, schmerzstillend und entblähend.

Geschichte und Mythologie

Die nordischen Völker verglichen die Kamille mit der Sonne. Zudem war sie dem Frühlingsgott Baldur geweiht. Auch in Ägypten wurde sie als Blume des Sonnengotts verehrt.

Der Name Kamille geht auf den mittelalterlichen Namen *Kahamell* zurück, an den noch die Bezeichnung Kuhmelle erinnert. Die lateinische Benennung *Matricaria* stammt von *matrix* (Gebärmutter). Die Botaniker des späten Mittelalters glaubten, dass die Mutter Gottes die Kamille für die Frauen ausgesät habe. Deshalb wird die Pflanze noch heute manchmal Mutterkraut genannt. Im Mittelalter war sie der Mutter Gottes geweiht.

Anwendung in der Klostermedizin

Schon im alten Ägypten stand die Kamille als Heilpflanze in besonders hohem Ansehen. Die griechischen und römischen Ärzte behandelten Gelbsucht sowie Nierenleiden damit. Die arabischen Ärzte nutzten die Kamille für Einreibungen bei Nervenschmerzen.

Diese Anwendungsgebiete übernahmen und ergänzten die Klosterärzte des Mittelalters durch ihre eigenen Erfahrungen. So schreibt der mittelalterliche Kräuterbuchautor Bock: »Es ist bei allen Menschen kein breuchlicher Kraut in der arztney als eben Chamilienblumen, denn sie werden beinahe zu allen presten (Gebrechen) gebraucht.«

Wissenschaftlich empfohlene Anwendung

Die beiden Hauptwirkstoffe der Kamillenblüten sind Kamillenblauöl oder Chamazulen und α-Bisabolol. Sie wirken entzündungshemmend, krampflösend, schmerzlindernd und antibakteriell. Diese Eigenschaften kommen bei der Behandlung von entzündlichen und/oder mit Krämpfen verbundenen Erkrankungen des Magen-Darm-Trakts voll und ganz zur Wirkung. Magenschleimhautentzündungen, Magengeschwüre, Magen- und Darmkoliken lassen sich erfolgreich mit Kamillentee behandeln.

Entzündungen der Mund- und Rachenschleimhäute heilen durch Inhalieren mit starkem Kamillentee. Das Spülen mit Kamillentee hilft bei Zahnfleischentzündungen und durch Karies verursachte Zahnschmerzen.

Bei entzündlichen, oberflächlichen Hautveränderungen beschleunigen Umschläge mit Kamillentee oder Bäder mit Kamillenblüten den Heilungsprozess.

Bei sachgemäßer Anwendung sind Nebenwirkungen nicht

zu befürchten. Wechselwirkungen mit anderen Heilmitteln oder Gegenanzeigen sind nicht bekannt.

Anwendungsformen

Am gebräuchlichsten ist die Verwendung von Kamillentee. Dazu übergießen Sie zwei Teelöffel Kamillenblüten mit einer Tasse heißem Wasser. Abgedeckt zehn Minuten ziehen lassen, dann absieben. Trinken Sie drei- bis viermal täglich eine Tasse. Kamillentee kann kurmäßig über einen längeren Zeitraum – bis zu drei Monaten – angewendet werden.

Zum Inhalieren brühen Sie sechs Teelöffel Kamillenblüten mit einem halben Liter heißem Wasser auf. Lassen Sie diesen Aufguss nicht ziehen, sondern atmen Sie die aufsteigenden Dämpfe ein.

Für ein Kamillenbad übergießen Sie 100 Gramm Kamillenblüten mit einem Liter heißem Wasser und lassen sie abgedeckt zehn Minuten ziehen. Dann absieben und dem Badewasser zugeben.

Für einen Kamillenumschlag tränken Sie ein Baumwolltuch mit einem starken Kamillentee. Übergießen Sie drei Teelöffel Kamillenblüten mit einer Tasse heißem Wasser. Abgedeckt zehn Minuten ziehen lassen und danach absieben.

Warnhinweise

Kamillentee darf nicht am Auge angewendet werden. Der Teeaufguss kann trotz des Abfilterns noch winzige Partikel der Kamillenblüten enthalten, die in das Auge gelangen und dort Reizungen hervorrufen könnten.

Sehr selten kann es zu allergischen Reaktionen kommen. Dann müssen Sie sofort auf die Anwendung von Kamillentee verzichten.

Knoblauch

Botanischer Name
Allium sativum
Er gehört zur Familie der Liliengewächse.

Volkstümliche Namen
Gruserich, Knobel, Knofel, Stinkerzwiebel

Aussehen, Geruch und Geschmack

Der Knoblauch ist eine ausdauernde, bis zu 80 Zentimeter hohe Pflanze. Seine Blätter sind lang sowie schlank und sehen Grashalmen ähnlich. Die nackten Blütenstengel tragen am oberen Ende eine kleine, rötlichweiße Blütendolde. Die Blüten sind unfruchtbar, denn der Knoblauch vermehrt sich durch die Knoblauchzehen.

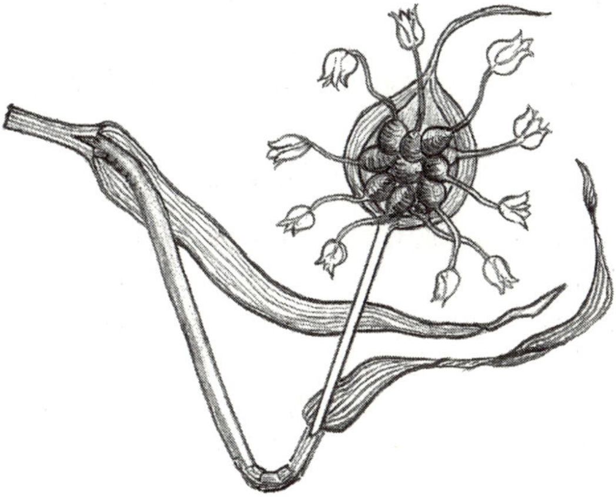

Die Knoblauchzwiebel wächst unterirdisch und hat den typischen Knoblauchgeruch und -geschmack (Stinkerzwiebel). Aus vielen einzelnen Segmenten – den Zehen – besteht sie. Frisch haben die Zehen eine grünlich- oder violettweiße Farbe. Getrocknet wechselt ihre Farbe zu cremigem Weiß.

Standort, Blüte- und Erntezeit

Knoblauch stammt ursprünglich aus Zentral- und Ostasien. Er gelangte durch die Römer nach Europa. Die Pflanze braucht einen lockeren, fruchtbaren Boden und viel Sonne. Sie wird in großen Feldkulturen angebaut, gedeiht aber auch im Garten.

Blütezeit ist in den Monaten von Juni bis Oktober, geerntet wird ab September.

Verwendete Pflanzenteile

Die Wirkstoffe des Knoblauchs sitzen in der Knoblauchknolle bzw. den Knoblauchzehen. Wenn die Blätter zu welken beginnen, wird die Knoblauchzwiebel ausgegraben und kurz an der Luft getrocknet. Bewahren Sie diese dunkel, kühl und luftig auf. Für den Gebrauch pellen Sie die einzelnen Zehen ab.

Wirksame Inhaltsstoffe

Die frischen oder angetrockneten Knoblauchzehen *(Bulbus allii sativi)* enthalten ätherisches Öl, die Vitamine A, B_1 und C und den Hauptwirkstoff Alliin sowie dessen Abbauprodukte. Das Alliin wirkt gefäßerweiternd, antisklerotisch, antibakteriell und entzündungshemmend. Es verdünnt das Blut und ist möglicherweise auch blutdrucksenkend.

Die Gesamtwirkstoffe des Knoblauchs unterstützen die allgemeinen Abwehrkräfte, regen die Verdauung an und wirken belebend.

Geschichte und Mythologie

Die deutsche Bezeichnung Knoblauch stammt von dem althochdeutschen *klobelouh*, abgeleitet von *klobo* (Spalte), was auf die in einzelne Teile gespaltene Knoblauchzwiebel zurückgeht. Knoblauch galt im Mittelalter als Symbol der ewigen Jugend und Fruchtbarkeit. Jungen Mädchen wurden Knoblauchgirlanden umgehängt, um sie gebärfreudig zu machen. Umgekehrt war Knoblauchsaft zusammen mit Zwiebelsaft Bestandteil des Abtreibungsmittels *Foetor judaicus*.

Knoblauch wurde an Türen oder Fenster gehängt, um Dämonen, Hexen und anderen bösen Zauber abzuwehren. Auf dem Balkan glaubte man bis in unser Jahrhundert hinein, dass Knoblauch Mensch und Tier vor Vampiren schütze.

Anwendung in der Klostermedizin

Der Anbau von Knoblauch ist seit mehr als 5000 Jahren bekannt, er wurde und wird als Heilpflanze und Küchengewürz verwendet. Hippokrates empfahl Knoblauch zur Behandlung von Verdauungsstörungen, Entzündungen, Hautausschlägen und als allgemein kräftigendes Mittel. Auch Dioskurides und Plinius der Ältere beschreiben ausführlich seine Anwendung. Sie verordneten Knoblauch bei Schlangenbissen, Hautausschlägen, Kopfschmerzen und gegen Würmer.

Wer Knoblauch aß, würde von der Pest verschont bleiben: »Esset Knoblauch und Bimbernell, dann sterbet ihr nicht so schnell.« In der Klostermedizin wurden Verdauungsstörungen sowie Entzündungen und Ekzeme der Haut mit Knoblauch behandelt, und er wurde als allgemeines Stärkungsmittel gebraucht.

Wissenschaftlich empfohlene Anwendung

Heute weiß man, dass Knoblauch tatsächlich bei Verdauungsstörungen und Entzündungen hilft, dass er der Arteriosklerose vorbeugt, erhöhte Blutfettwerte – möglicherweise auch hohen Blutdruck – senkt und einen antibakteriellen Effekt hat.

Im Darm wirkt Knoblauch antibakteriell und gegen Gärungsprozesse, Blähungen sowie Krämpfe. Allerdings kann Knoblauch bei empfindlichen Menschen auch genau diese Beschwerden auslösen.

Knoblauch erweitert die peripheren Blutgefäße und verbessert dadurch die Fließgeschwindigkeit des Bluts. Seine antisklerotische Wirkung entsteht dadurch, dass er das Blut verdünnt und es sich nicht so schnell zu Blutgerinseln, wie sie bei der Arteriosklerose auftreten, zusammenklumpt. Dies bewirkt möglicherweise auch die Senkung eines erhöhten Blutdrucks, wozu es aber gegensätzliche Meinungen gibt.

Zusammen mit einer speziellen Diät wirkt Knoblauch unterstützend bei der Senkung zu hoher Blutfettwerte.

Bei sachgemäßer Anwendung von Knoblauch sind Nebenwirkungen nicht zu befürchten. Wechselwirkungen mit anderen Heilmitteln oder Gegenanzeigen sind bisher nicht bekannt.

Anwendungsformen

Knoblauch wird frisch oder leicht getrocknet angewendet. Essen Sie täglich zwei bis drei Knoblauchzehen, sei es auf dem Brot oder als marinierte Beilage. Verwenden Sie ihn verschwenderisch beim Kochen und für Salate!

Sein Geruch, der durch das Alliin des Knoblauchs entsteht, ist die einzige »unangenehme« Begleiterscheinung. Die ätherischen Öle werden nämlich nach der Aufnahme durch den Darm über Lunge und Haut wieder ausgeatmet. Dieser typische Knoblauchdunst ist aber ein sicheres Indiz dafür, dass die Wirkstoffe des Knoblauchs vom Körper aufgenommen und verstoffwechselt wurden. Industriell hergestellte Präparate versprechen, geruchlos zu sein, aber ihre Wirkstoffkonzentration ist so gering, dass sie nicht der notwendigen Tagesdosis von zwei bis drei Knoblauchzehen entspricht. Nur das Alliin mit seinem typischem Geruch wirkt vorbeugend gegen arteriosklerotische Veränderungen, vermag den Blutfettspiegel zu senken, ist antibakteriell und stärkt die allgemeinen Abwehrkräfte.

Wer die Knoblauchfahne in Grenzen halten will, kann ein paar Tricks anwenden: Trinken Sie nach dem Verzehr von Knoblauch ein Glas Milch, oder kauen Sie etwas frische Petersilie. Essen Sie einen Apfel oder ein bis zwei Teelöffel Honig.

Sehr delikat ist das Rezept »Provençalische Knoblauchzehen« für eingelegte Knoblauchzehen:

300 g geschälte Knoblauchzehen
1 EL Salz
1 l Wasser
Essig
1 TL getrockneter Thymian
1 TL getrockneter Oregano
1 TL Kreuzkümmel
250 ml Olivenöl

Lassen Sie die Knoblauchzehen mit 1 l Wasser, dem Salz und einem Schuss Essig aufkochen und dann noch 5 Minuten weiter köcheln. Anschließend abseihen, die Knoblauchzehen auf einem Geschirrtuch ausbreiten und trocknen lassen.

Schichten Sie diese zusammen mit den Kräutern und Gewürzen in ein einwandfrei sauberes, gut verschließbares Gefäß, und gießen Sie das Olivenöl darüber. Rütteln Sie das Gefäß hin und her, damit die Luftblasen entweichen können. Verschließen und kühl aufbewahren. Die Haltbarkeit beträgt etwa drei Monate.

Warnhinweise

Selten können nach dem Genuss von Knoblauch Magen-Darm-Beschwerden oder allergische Hautreaktionen auftreten. Sollte dies der Fall sein, müssen Sie leider auf Knoblauch verzichten. Wegen seiner blutverdünnenden Wirkung ist es möglich, dass Schnittverletzungen und Wunden langsamer abheilen als üblich.

Kümmel

Botanischer Name
Carum carvi
Er gehört zur Familie der Doldengewächse.

Volkstümliche Namen
Brotkümmel, Kömm, Kumach, Wiesenkümmel

Aussehen, Geruch und Geschmack

Die Kümmelpflanze kann eine Höhe von bis zu einem Meter erreichen. Ihre kräftigen Stengel sind kantig, gerippt und innen hohl. Die Stiele mit den dünnen, schmalen Blättchen sind verzweigt. An ihren Stengelenden sitzen die kleinen, weißrosafarbenen Blütendolden. Die Kümmelfrüchte sind grünlichgrau. Ihre Form erinnert an eine kleine Banane.

Die Pflanze riecht und schmeckt kräftig würzig sowie leicht süßlich.

Standort, Blüte- und Erntezeit

Kümmel wächst in gemäßigten Klimazonen. Er ist in Mittel- und Nordeuropa, Nordasien sowie Nordafrika verbreitet. Wildwachsend kommt er auf Wiesen (Wiesenkümmel), Weiden, an Wegrändern vor und bevorzugt einen feuchten, lockeren Boden sowie sonnige Standorte. Hauptsächlich in Ungarn, Holland und Friesland baut man den arzneilich verwendeten Kümmel in großen Kulturen an.

Blütezeit ist von Juni bis August. Gesammelt wird Kümmel von Juli bis Ende August.

Verwendete Pflanzenteile

Verwendet werden die reifen Kümmelfrüchte. Schneiden Sie die Samenstände kurz vor ihrer Reifezeit ab, und hängen Sie diese kopfüber in lockeren Bündeln zum Nachreifen und Trocknen auf. Wenn die Kümmelfrüchte sich goldbraun verfärben, schütteln Sie die Dolden aus. Die herausgefallenen Kümmelsamen müssen dann noch etwas nachtrocknen.

Wirksame Inhaltsstoffe

Die Kümmelfrüchte enthalten ein sehr fetthaltiges Öl und das ätherische Öl Carvon, welches für die entblähende, krampflösende und verdauungsfördernde Wirkung des Kümmels verantwortlich ist.

Geschichte und Mythologie

Kümmel war wegen seines eigenartigen Geruchs stets eine geheimnisvolle Pflanze. Die Zwerge und Waldfeen sollen sich vor ihr gefürchtet haben. Sie jammerten der Sage nach: »Kümmelbrot macht Angst und Not« und flüchteten.

Kümmel war ein so häufig verwendetes Gewürz, dass er aus dem Orient eingeführt werden musste. Die Gewürzhändler nannte man »Kümmeltürken«.

Anwendung in der Klostermedizin

Im Altertum wurde Kümmel nur als Gewürz verwendet. Erst im Mittelalter erkannten die Mönche seine medizinische Wirkung. Sie verordneten ihn bei Verdauungsstörungen, Blähungen und zur Stärkung des Magens. Die Benediktinermönche brannten auch einen Kümmelschnaps, der gegen Magenschmerzen eingenommen wurde.

Wissenschaftlich empfohlene Anwendung

In der modernen Pflanzenheilkunde ist das Wissen der Klostermedizin um die Wirkungen des Kümmels bewiesen worden. Bei allen Beschwerden, die mit Blähungen, Völlegefühl und/oder krampfartigen Schmerzen einhergehen, wird er wirkungsvoll eingesetzt. Kümmel *(Fructus carvi)* verbessert die Verträglichkeit fetter Lebensmittel und anderer schwer verdaulicher Speisen.

Bei sachgemäßer Anwendung braucht man keine Nebenwirkungen zu befürchten. Wechselwirkungen mit anderen Heilmitteln oder Gegenanzeigen sind nicht bekannt.

Anwendungsformen

Für einen Kümmeltee nehmen Sie einen Teelöffel grob zerstoßenen Kümmel und übergießen ihn mit einer Tasse heißem Wasser. Abgedeckt fünf Minuten ziehen lassen, dann absieben. Trinken Sie dreimal täglich eine Tasse kurz nach den Mahlzeiten.

Auch ein Gläschen Kümmelschnaps hat eine ausgezeichnete verdauungsfördernde Wirkung.

Bei Verdauungsstörungen, die mit Krämpfen einhergehen, ist es sinnvoll, den Kümmeltee mit Anis zu kombinieren. Für einen Kümmel-Anistee zerquetschen Sie je einen Teelöffel Kümmel und Anis. Übergießen Sie diese Mischung mit einer Tasse heißem Wasser, und lassen Sie den Aufguss abgedeckt fünf bis zehn Minuten ziehen, dann absieben. Trinken Sie davon zweimal täglich, etwa eine Stunde nach den Mahlzeiten, eine Tasse.

Lavendel

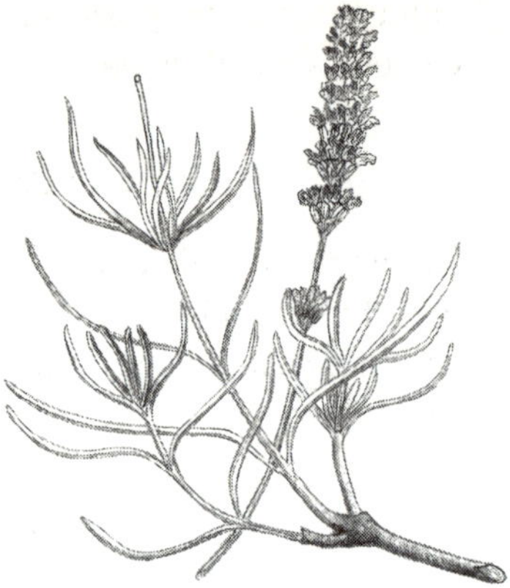

Botanischer Name
Lavendula angustifolia
Er gehört zur Familie der Lippenblütengewächse.

Volkstümliche Namen
Balsamblümli, Lavander, Nervenkräutl, Schwindelkraut, Speik, Spiklavendel

Aussehen, Geruch und Geschmack

Der Lavendel ist eine strauchig wachsende Pflanze, die bis zu 60 Zentimeter hoch wird. In den Mittelmeerländern erreicht er sogar eine Höhe von bis zu einem Meter. Seine Blätter sind schmal und länglich. Die unteren Blätter haben eine silbergrau schimmernde Farbe, die oberen sind graugrün. Am oberen Stengeldrittel stehen die blauvioletten Blüten in Ähren.

Die ganze Pflanze verströmt einen süßlich schweren, balsamischen Duft, der zur Blütezeit noch intensiver wird. Der Geschmack der Lavendelblüten ist etwas bitter.

Standort, Blüte- und Erntezeit

Lavendel stammt aus dem Mittelmeerraum. Dort wächst er auch wild. Hierzulande wird Lavendel in Gärten kultiviert. Sein Duft ist um so schwächer, je weiter nördlich er wächst. Lavendel braucht einen sehr sonnigen sowie trockenen Standort, und der Boden muss trocken sowie kalkhaltig sein.

Blütezeit ist von Juli bis August. Im gleichen Zeitraum werden auch seine Blüten gesammelt.

Verwendete Pflanzenteile

Kurz bevor sich die Blüten öffnen, werden sie mit den Stengeln abgeschnitten. Hängen Sie diese in lockeren Bündeln kopfüber zum Trocknen auf. Anschließend streifen Sie die getrockneten Blüten ab.

Wirksame Inhaltsstoffe

Die Lavendelblüten *(Flores lavendulae)* enthalten ätherische Öle und Gerbstoffe. Bei innerer Anwendung wirken die Inhaltsstoffe leicht beruhigend. Äußerlich angewendet fördern sie die Hautdurchblutung.

Geschichte und Mythologie

Der botanische Name des Lavendels bedeutet frei übersetzt »heilkräftiges Wasser«. Schon die reichen Damen der Antike badeten in Lavendel, um das Aussehen ihrer Haut zu verbessern.

Lavendel kultiviert man seit dem Mittelalter, als die Mönche ihn jenseits der Alpen mitbrachten, auch in unseren Breiten. Seitdem wird er für die Herstellung von Parfüm hoch geschätzt. Wegen seines angenehmen Dufts pflanzte man Lavendel in Klostergärten und später auch in Bauerngärten an.

Anwendung in der Klostermedizin

Lavendel wird in den klassischen Kräuterbüchern des Mittelalters nur vereinzelt erwähnt. Wahrscheinlich wurde er in der Klostermedizin nicht zur medizinischen Behandlung verwen-

det, sondern eher als Duftpflanze, die die schlechten Gerüche in den Krankenstuben vertrieb.
Allerdings beschrieb Hildegard von Bingen einen Lavendelwein, der »den Schmerz in der Leber und der Lunge und die Dämpfigkeit in der Brust mildert und reines Wissen und einen reinen Verstand« bringt.

Wissenschaftlich empfohlene Anwendung

Das Lavendelöl besitzt eine leicht beruhigende Wirkung und fördert das Einschlafen. Es ist sinnvoll, Lavendel mit anderen beruhigenden Heilkräutern, z. B. Baldrian, zu kombinieren.

Auch für die Behandlung von Verdauungsstörungen, die mit Blähungen und Völlegefühl einhergehen, sind Mischungen mit anderen stärker wirksamen Heilpflanzen von Vorteil.

Äußerlich angewendet ist Lavendel ein sehr gutes Heilmittel zur Behandlung von funktionellen Kreislaufstörungen, die mit niedrigem Blutdruck einhergehen.

Bei sachgemäßer Anwendung sind keine Nebenwirkungen zu befürchten. Wechselwirkungen mit anderen Heilmitteln oder Gegenanzeigen sind bisher nicht bekannt.

Anwendungsformen

Für einen Lavendeltee übergießen Sie zwei Teelöffel Lavendelblüten mit einer Tasse heißem Wasser. Abgedeckt fünf Minuten ziehen lassen, danach absieben. Trinken Sie davon ein bis zwei Tassen vor dem Schlafengehen.

Ein Lavendeltee mit Baldrian verstärkt erheblich seine schlaffördernde Wirkung. Die Herstellung dieses Tees ist unter dem Pflanzenportrait des Baldrians beschrieben (siehe Seite 44.)

Zur Verdauungsförderung eignet sich eine Kombination aus Lavendel mit Wermut und Pfefferminze: Übergießen Sie einen halben Teelöffel Wermut sowie je einen Teelöffel Lavendel und Pfefferminze mit einer Tasse heißem Wasser. Abgedeckt fünf Minuten ziehen lassen, anschließend absieben. Trinken Sie zweimal täglich etwa eine Stunde nach den Mahlzeiten eine Tasse davon.

Ein Lavendelbad belebt den Kreislauf und verbessert die Durchblutung der Haut. Übergießen Sie dafür 100 Gramm Lavendelblüten mit zwei Litern heißem Wasser, und lassen Sie diesen Aufguss abgedeckt fünf Minuten ziehen. Dann absieben und dem Badewasser zugeben.

Lein, Echter Lein oder Flachs

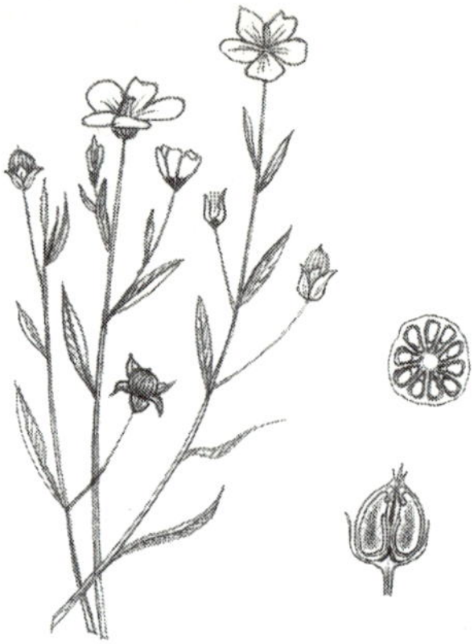

Botanischer Name

Linum usitatissimum

Er gehört zur Familie der Leingewächse.

Volkstümliche Namen

Leinkraut, Leinsaat, Stallkraut, Wilder Flachs

Aussehen, Geruch und Geschmack

Lein hat aufrechte, zierliche Stengel, die dicht mit schmalen, länglichen Blättern besetzt sind und in blauen Einzelblüten abschließen. Er wird bis zu 60 Zentimeter hoch.

Die Leinsamen sind flach, länglich sowie glänzend braun und schmecken etwas schleimig – sind aber geruchlos.

Standort, Blüte- und Erntezeit

Die ursprüngliche Heimat des Leins ist unbekannt, wahrscheinlich war es der Orient, denn schon im 14. Jahrhundert v. Chr. gab es in Ägypten Flachskulturen. Heute wird er auch in unseren Breiten überall – außer im Alpengebiet – angebaut. Er ist sehr anspruchslos, allerdings empfindlich gegen Nässe.

Lein blüht von Juni bis August. Von August bis September werden seine reifen Samen geerntet.

Verwendete Pflanzenteile

In der Heilkunde und Diätetik wird der reife Leinsamen verwendet, den Sie in guter, kontrollierter Qualität in jedem Supermarkt kaufen können.

Wirksame Inhaltsstoffe

Die Leinsamen *(Semen lini)* enthalten Ballast- und Schleimstoffe sowie pflanzliches Eiweiß und Linolensäure, eine ungesättigte Fettsäure, die für die menschliche Ernährung ebenfalls wichtig ist.

Die Ballast- und Schleimstoffe regulieren den Stuhlgang. Indem sie die entzündeten Schleimhäute mit einem dünnen Film überziehen, schützen sie diese auch.

Äußerlich angewendet, erweichen die Schleimstoffe lokale Geschwüre und lassen Hautentzündungen schneller ausheilen.

Geschichte und Mythologie

Lein oder Flachs gehört zu den ältesten Kulturpflanzen. Aus den bearbeiteten Stengeln des Leins wurde schon sehr früh Leinwand, der Stoff Leinen, gewoben.

Die Samen lieferten das Leinöl, das im mittleren Europa des Mittelalters das alleinige pflanzliche Fett war. Die Rückstände der Ölgewinnung sind der Presskuchen, der an das Vieh verfüttert wurde und wird. Daher stammt der Name Stallkraut. Die Pflanze war also sehr vielseitig zu gebrauchen. Die Bezeichnung *usitatissimum* (der sehr nützliche) weist noch heute darauf hin.

Anwendung in der Klostermedizin

Schon Hippokrates empfahl gekochten Leinsamen gegen Unterleibsschmerzen und als erweichenden Umschlag bei Furunkeln. Hildegard von Bingen rühmte seine entzündungshemmende, schmerzstillende und aufweichende Heilkraft.

Wissenschaftlich empfohlene Anwendung

Auch bei dieser Pflanze wurde das Wissen der Klostermedizin bestätigt. Umschläge mit gemahlenen Leinsamen wirken tatsächlich erweichend bei Geschwüren und Furunkeln. Zudem sind sie schmerzlindernd und entzündungshemmend.

Innerlich angewendet hilft Leinsamenschleim bei Magenschleimhaut- und Dünndarmentzündung. Die Schleimstoffe des Leinsamens überziehen die entzündeten Schleimhäute mit einem feinen Film und schützen sie so vor den aggressiven Verdauungssäften.

Zerstoßener Leinsamen reguliert den Stuhlgang, weil seine Ballaststoffe im Darm aufquellen und dadurch die Darmtätigkeit anregen. Die Schleimstoffe unterstützen die Quellfähigkeit des Leinsamens und erleichtern die Darmpassage des Stuhlgangs.

Bei sachgemäßer Anwendung sind Nebenwirkungen nicht zu befürchten.

Anwendungsformen

Für einen Leinsamenumschlag (Kataplasma) zermahlen Sie 50 Gramm Leinsamen. Dieses Leinsamenmehl rühren Sie mit etwas heißem Wasser zu einem festen Brei an, den Sie dick auf Verbandmull streichen. Legen Sie diesen Umschlag auf die zu behandelnde Stelle, und lassen Sie ihn 30 Minuten einwirken. Wiederholen Sie diese Anwendung zwei- bis dreimal täglich.

Leinsamenschleim bereiten Sie aus geschrotetem Leinsamen zu. Weichen Sie zwei bis drei Esslöffel zwölf Stunden in einem halben Liter kaltem Wasser ein, und kochen Sie diesen Schleim dann mit einer Prise Salz einmal auf. Essen Sie den Leinsamenschleim bei Bedarf, aber möglichst auf nüchternen Magen oder zwischen den Mahlzeiten, damit seine Wirkstoffe Kontakt mit der entzündeten Schleimhaut bekommen.

Zur Darmregulierung nehmen Sie zwei- bis dreimal täglich einen Esslöffel geschroteter Leinsamen mit ein bis zwei Gläsern Buttermilch oder Mineralwasser ein. Nach einiger Zeit wird sich Ihr Stuhlgang normalisieren. Aber erwarten Sie keine Wunder, Leinsamen ist kein sofort wirkendes Abführmittel. Haben Sie also Geduld! Verwenden Sie nur geschroteten Leinsamen, damit seine Schleimstoffe austreten und im Darm wirken. Weichen Sie Leinsamenschrot nicht ein, denn er soll ja erst im Darm aufquellen.

Es ist unbedingt erforderlich, dass Sie Leinsamen mit reichlich Flüssigkeit einnehmen. Wenn den Leinsamen die benötigte Flüssigkeitsmenge zum Aufquellen fehlt, kann das zum Darmverschluss führen!

Bewahren Sie den geschroteten Leinsamen luftdicht auf, wegen seines hohen Fettgehalts wird er sonst schnell ranzig. Es ist sinnvoll, sich jede Woche eine neue Ration zu besorgen.

Warnhinweise

Die Resorption von gleichzeitig eingenommenen Arzneimitteln kann behindert werden. Nehmen Sie deshalb andere Heilmittel mit zwei Stunden Abstand zur Einnahme des Leinsamens zu sich.

Leinsamen darf bei Darmverschluss, egal aus welchem Grund, nicht eingenommen werden.

Liebstöckel

Botanischer Name
Levisticum officinale
Er gehört zur Familie der Doldengewächse.

Volkstümliche Namen
Badekraut, Gichtstock, Liebstengel, Maggikraut

Aussehen, Geruch und Geschmack

Liebstöckel ist eine große, kräftige Pflanze, die bis zu zwei Meter Höhe heranwachsen kann. Seine dicken Stengel sind rund sowie hohl und verzweigen sich im oberen Bereich. Die Blätter sind glänzend dunkelgrün: die unteren sind recht groß und dreizählig, die mittleren sowie die oberen sind kleiner und weniger zerteilt. Liebstöckel blüht mit kleinen unscheinbaren, blassgelben Dolden, und der Wurzelstock treibt 20 bis 40 Zentimeter lange Wurzeln aus, die manchmal auch rübenförmig verdickt sind. Diese haben eine erdige bis hellgraue Farbe.

Das ganze Kraut und die Blüten verbreiten einen starken Eigengeruch, der an Maggi erinnert. Wenn Liebstöckel an das Vieh verfüttert wird, bekommt dessen Milch und Fleisch ebenfalls diesen Beigeschmack.

Standort, Blüte- und Erntezeit

Die ursprüngliche Heimat des Liebstöckels ist wahrscheinlich Südeuropa. In unseren Breiten kommt er wildwachsend fast gar nicht mehr vor. Aber in Ihrem Garten oder auf der Terrasse können Sie eigenen Liebstöckel anpflanzen. Er braucht einen sonnigen bis halbschattigen Standort und nährstoffreichen Boden.

Liebstöckel blüht von Juni bis August, und seine Blätter sind von Juli bis August erntereif. Die Wurzeln werden im Frühjahr oder Herbst ausgegraben.

Verwendete Pflanzenteile

In der Pflanzenheilkunde verwendet man die Wurzeln des zwei bis drei Jahre alten Liebstöckels. Sie werden im zeitigen Frühjahr oder im späten Herbst ausgegraben. Reinigen Sie die Wurzeln gründlich unter fließendem Wasser, schneiden Sie sie in Stücke, halbieren Sie diese der Länge nach und lassen sie langsam trocknen. Die frischen oder getrockneten Liebstöckelblätter sind ein vielseitiges Gewürz für die deftige Küche.

Wirksame Inhaltsstoffe

Die Wurzeln *(Levistici radix)* enthalten ätherische Öle, Bitterstoffe und Cumarine. Sie wirken appetitanregend und nierenreizend. Die Reizung der Nieren führt zu einer verstärkten Harnausscheidung.

Geschichte und Mythologie

Der Name Liebstöckel ist vom lateinischen *levisticum* abgeleitet, das frei übersetzt »aus der Levante stammend« bedeutet. *Levisticum* wurde zu *Lubistechel* und im Laufe der Zeit eingedeutscht: Liebstöckel. Nomen est Omen – dem Liebstöckel wurden auch Zauberkräfte in Liebesangelegenheiten zugeschrieben: Wer einen Bund Liebstöckel bei sich trug, erwarb sich angeblich die Zuneigung der anderen Menschen. Folglich wurde er auch als Aphrodisiakum genutzt.

Anwendung in der Klostermedizin

Liebstöckel war schon den Ärzten der Antike bekannt. So beschrieb Dioskurides eine Pflanze, die er *Ligystikon* nennt, als Mittel zur Förderung der Verdauung und der Harnflut. Auch Plinius der Ältere berichtete von ihr, dass sie den Magen stärke.

Hildegard von Bingen lobte die Heilkraft von Liebstöckel bei Halsschmerzen. Die Kräuterbuchautoren des Mittelalters rühmten den Liebstöckel über alle Maßen: Er sollte bei Geschwüren, Schlangenbissen, Melancholie, Gelbsucht und Erkrankungen des Magens helfen.

Wissenschaftlich empfohlene Anwendung

In der modernen Pflanzenheilkunde wird Liebstöckel nur noch selten und in Verbindung mit anderen harntreibenden Mitteln angewendet. Im Prinzip ist von seinem Gebrauch abzuraten, weil es wirksamere und gleichzeitig ungefährliche harntreibende Heilpflanzen gibt, z. B. Wacholder, Löwenzahn, Brennnessel oder Goldrute.

Liebstöckel hat nur eine schwach entwässernde Wirkung, die durch die Reizung der Nieren ausgelöst wird. Es findet also keine allgemeine Reinigung des Stoffwechsels statt. Seine appetitanregende Wirkung kann auch durch andere Arzneipflanzen wie Tausendgüldenkraut, Löwenzahn oder Wermut ersetzt werden.

Anwendungsformen

Bei entzündlichen Erkrankungen der ableitenden Harnwege könnte eine unterstützende Behandlung mit Liebstöckeltee sinnvoll sein. Informieren Sie jedoch Ihren Arzt über die Anwendung.

Überbrühen Sie einen Teelöffel geraspelte Liebstöckelwurzel mit einer Tasse kochendem Wasser. Abgedeckt 15 Minuten ziehen lassen, dann absieben. Trinken Sie dreimal täglich eine Tasse. Gebrauchen Sie Liebstöckeltee nicht länger als eine Woche!

Warnhinweise

Die Liebstöckelwurzel sollte nur getrocknet verwendet werden, da dann die Cumarine unwirksam geworden sind. Cumarine verzögern nämlich indirekt die Blutgerinnung, indem sie die Funktion des Vitamin K hemmen.

Liebstöckelwurzel kann vor allem bei hellhäutigen Menschen zu einer erhöhten Lichtempfindlichkeit führen. Meiden Sie also bei der Anwendung von Liebstöckel die Sonne und das Solarium.

Bei Entzündungen der Nieren oder eingeschränkter Nierenfunktion sollte Liebstöckel nicht angewendet werden. Auch in der Schwangerschaft und Stillzeit darf Liebstöckel keinesfalls eingenommen werden.

Linde

Botanische Namen
Tilia cordata (Winterlinde)
Tilia platyphyllos (Sommerlinde). Sie gehört zur Familie der Lindengewächse.

Volkstümliche Namen
Die Sommerlinde wird auch Frühlinde oder Graslinde genannt. Für die Winterlinde gibt es zudem die Bezeichnungen Spätlinde, Augustlinde oder Waldlinde.

Aussehen, Geruch und Geschmack

Beide Lindenarten unterscheiden sich nur unwesentlich: Die Sommerlinde hat größere, beidseitig grüne Blätter, die auf der Unterseite mit feinen Härchen besetzt sind. Die Blätter der Winterlinde haben eine kahle Unterseite von meergrüner Farbe. Etwa 14 Tage früher als die Winterlinde schlägt die Sommerlinde aus.

Linden werden bis zu 30 Meter hoch und können ein sehr hohes Alter erreichen. Ihr Holz ist weich und ideal für Holzschnitzarbeiten. Die Blätter sind herzförmig, und die gelben, intensiv duftenden Lindenblüten sitzen an langen Stielen, die aus den Blattachsen herauswachsen. An dem Blütenstiel befindet sich noch ein längliches, federförmiges, hellgrünes Deckblatt. Wie kleine Nüsse sehen die Früchte aus. Bei der Sommerlinde sind ihre Schalen dick und bei der Winterlinde dünn.

Ein Tee aus Lindenblüten riecht und schmeckt süßlich aromatisch.

Standort, Blüte- und Erntezeit

Die Linde ist in fast ganz Europa, Westsibirien und Kleinasien verbreitet. Während die Sommerlinde wildwachsend kaum mehr vorkommt, ist die Winterlinde häufig in sonnigen Mischwäldern anzutreffen. Beide Arten werden auch in Alleen oder zur Begrünung von Straßenrändern und öffentlichen Flächen angepflanzt. Die Sommerlinde blüht in der zweiten Junihälfte, die Winterlinde in der ersten Augusthälfte. Ihre Früchte sind ab Mitte August bzw. ab Anfang September reif.

Verwendete Pflanzenteile

Für die medizinische Anwendung sind die Blüten von beiden Lindenarten gleich wertvoll. Pflücken Sie die Blüten ein bis vier Tage nach ihrem Aufblühen, denn dann haben sie ihren höchsten Wirkstoffgehalt. Zum Trocknen breiten Sie diese locker auf einem luftigen Gestell aus.

Wirksame Inhaltsstoffe

Lindenblüten *(Tiliae flos)* enthalten Flavonoide, Gerb- und Schleimstoffe. Sie erleichtern das Abhusten bei trockenem Reizhusten, haben eine schweißtreibende Wirkung und steigern die allgemeinen Abwehrkräfte des Körpers.

Geschichte und Mythologie

Die Linde galt den Germanen und Slaven als heilig. Sie war der Göttin Frigga, der Göttin des häuslichen Friedens und der Liebe, geweiht. Deshalb wurde der Baum oft in der Nähe von Häusern gepflanzt. Außerdem schützte eine Linde Haus, Hof und Vieh vor Hexen und Dämonen.

Der Lindenbaum wird in vielen Volksliedern besungen und ist häufig Namensbestandteil von Ortsnamen. Unter einer Linde wurde bei den Germanen und im Mittelalter Gericht gehalten. Und im Sommer feierte man auch unter Linden.

Anwendung in der Klostermedizin

Die Linde wurde in der Antike und im Mittelalter nur selten zu medizinischen Zwecken verwendet. In der mittelalterlichen Klostermedizin behandelte man gelegentlich Durchfallerkrankungen mit Lindenholzkohle. Die Heilwirkung von Lindenblüten wurde erst im 17. Jahrhundert bekannt.

Wissenschaftlich empfohlene Anwendung

Ein Tee aus Lindenblüten hilft bei Katarrhen der oberen Luftwege und trockenem Reizhusten. Die Inhaltsstoffe der Lindenblüten erleichtern das Abhusten und stärken allgemein die körpereigenen Abwehrkräfte, sodass Erkältungen schneller abklingen und darüber hinaus beginnende Erkältungen schon im Keim erstickt werden. Lindenblüten wirken ebenso wie die Blüten des Holunder schweißtreibend.

Bei sachgemäßer Anwendung sind Nebenwirkungen nicht zu befürchten. Wechselwirkungen mit anderen Heilmitteln oder Gegenanzeigen sind bisher nicht bekannt.

Anwendungsformen

Lindenblüten werden als Teeaufguss zubereitet. Übergießen Sie einen Teelöffel Lindenblüten mit einer Tasse heißem Wasser. Abgedeckt 15 Minuten ziehen lassen, danach absieben. Trinken Sie mehrmals täglich eine Tasse.

Löwenzahn

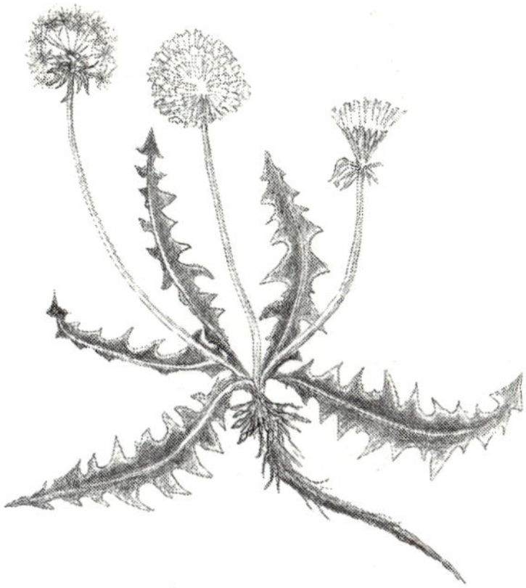

Botanischer Name
Taraxacum officinale
Er gehört zur Familie der Korbblütengewächse.

Volkstümliche Namen
Butterblume, Kettenblume, Kuhblume, Laternenblume, Milchdistel, Pissblume, Pusteblume

Aussehen, Geruch und Geschmack

Der Löwenzahn ist die allbekannte gelbe Wiesenblume und für viele Menschen nur ein lästiges Unkraut. Er treibt eine rübenförmige, bis zu 30 Zentimeter lange Pfahlwurzel aus. Seine länglichen Blätter wachsen in einer Rosette dicht am Boden, sind verschieden tief und unregelmäßig gezahnt. Die leuchtend gelben Blütenköpfe sitzen auf bis zu 40 Zentimeter hohen, hohlen Stengeln. Bei Regen oder bedecktem Himmel schließen sie sich und werden ganz unscheinbar. Nach dem Verblühen bilden sich die bekannten »Pusteblumen«, die wie filigrane, weiße Luftballons aussehen. An ihren Härchen sitzen die Samen, die sich durch den Wind verbreiten. Werden die Blütenstiele oder die Wurzeln verletzt, so tritt eine weiße Flüssigkeit aus, der Milchsaft, der an der Luft schnell gerinnt und sich schwärzlich verfärbt.

Die Blüten haben einen honigartigen Duft – die Wurzeln sind hingegen geruchlos. Frisch schmecken die Wurzeln süßlich bitter, die getrockneten leicht süß und schleimig. Die frischen, jungen Blätter haben einen herben und leicht bitteren Geschmack.

Standort, Blüte- und Erntezeit

Löwenzahn ist in ganz Europa und Westasien verbreitet und wächst auf fetten Wiesen sowie Weiden, an Wegrändern, in Gärten und Parkanlagen. Die Pflanze bevorzugt sonnige Standorte und einen stickstoffreichen Boden. Üppig gelbe Löwenzahnwiesen deuten auf eine Überdüngung des Bodens hin.

Löwenzahn blüht von April bis Mai. Die Blätter werden kurz vor der Blütezeit gesammelt, die Wurzeln in den Monaten April und Mai.

Verwendete Pflanzenteile

Für die medizinische Anwendung werden die Wurzeln zusammen mit den Blättern *(Taraxacum radix cum herba)* genutzt. Schneiden Sie die Blätter kurz vor der Blüte ab, und trocknen Sie diese lose ausgebreitet auf einem luftigen Gestell. Von April bis Mai graben Sie die Wurzeln mit einem Spaten oder einem speziellen Löwenzahn-Stecher aus. Reinigen Sie diese gründlich unter fließendem Wasser, und schneiden Sie die Wurzeln längs auf. Trocknen Sie die Wurzelstücke an einem warmen, schattigen Ort oder bei höchstens 45 °C im Backofen.

Wirksame Inhaltsstoffe

Die Blätter, Wurzeln und der Milchsaft des Löwenzahns enthalten Bitter- und Gerbstoffe, Phytosterine, Vitamin C sowie einige Spurenelemente. Diese Wirkstoffe regen generell den Zellstoffwechsel – speziell den Stoffwechsel von Leber und Nieren – an. Die Bitterstoffe fördern die Sekretion der Verdauungssäfte und verbessern dadurch die Verdauung. Löwenzahn ist auch ein starkes harntreibendes Mittel.

Geschichte und Mythologie

In den vielen volkstümlichen Bezeichnungen spiegeln sich die Eigenarten des Löwenzahns wider. Beispielsweise die Kettenblume: Aus den Blüten und Blättern flechten Kinder Kränze. Oder die Pusteblume: Wenn man auf die Samenstände bläst, fliegen sie weg. Er wird auch Pissblume genannt, weil er die Wasserausscheidung anregt. Der Name Kuhblume bezieht sich darauf, dass Löwenzahn auf Wiesen und Weiden weit verbreitet ist. Die Bezeichnungen Butterblume und Laternenblume weisen auf seine leuchtend gelben Blüten hin.

Der botanische Name *Taraxacum* entstand im Mittelalter aus dem arabischen Wort *talkh-chakok* (bittere Wurzel). Die deutsche Bezeichnung Löwenzahn verweist auf seine gezahnte Blattform. Der Name Milchdistel bezieht sich auf den milchigen Saft des Löwenzahns. Im Volksglauben vermutete man, dass dieser Saft die Milchproduktion der Kühe steigern würde. Deshalb wurde er mit Kleie und Salz vermischt als Viehfutter verwendet.

Anwendung in der Klostermedizin

Löwenzahn war den Ärzten der Antike bestimmt schon bekannt, aber im überlieferten Schrifttum wird er nicht weiter von anderen Korbblütengewächsen unterschieden. Erst der arabische Arzt Avicenna beschrieb seine Wirkung. Die Klostermedizin übernahm und erprobte dessen Angaben und verwendete den Löwenzahn bei Galle- und Leberleiden, gegen rheumatische Schmerzen und zur Entwässerung.

Wissenschaftlich empfohlene Anwendung

Wie bei so vielen altbekannten und bewährten Heilpflanzen ist inzwischen auch die überlieferte Wirksamkeit des Löwenzahns wissenschaftlich bewiesen. Die Inhaltsstoffe seiner Blätter und Wurzeln regen die Produktion von Magensäften und Gallenflüssigkeit an. Sie wirken dadurch appetitanregend und verdauungsfördernd. Dyspeptische Beschwerden wie Blähungen und Völlegefühl werden gelindert.

Löwenzahn wirkt vorbeugend gegen die Bildung von Nierensteingrieß oder kleinen Gallensteinen, weil seine Heilstoffe den Abfluss von Gallenflüssigkeit fördern und die Nieren gut durchspülen. Dieser harntreibende Effekt entschlackt gleichzeitig den Körper, wodurch auch rheumatische Beschwerden gelindert werden.

Bei sachgemäßer Anwendung von Löwenzahn sind Nebenwirkungen nicht zu befürchten. Wechselwirkungen mit anderen Heilmitteln sind bisher nicht bekannt.

Anwendungsformen

Eine Frühjahrskur mit Löwenzahn ist ideal zur Entschlackung des Körpers. Trinken Sie dazu über einen Zeitraum von sechs bis acht Wochen täglich morgens und abends eine Tasse Löwenzahntee: Setzen Sie einen Teelöffel geraspelte Wurzeln und zerkleinerte Blätter mit einer Tasse kaltem Wasser an, und lassen Sie diese Mischung zwei Stunden ziehen. Dann kurz aufkochen und absieben.

Junge Löwenzahnblätter sind auch ein delikates Gemüse, das frischen Salaten eine pikante Note verleiht.

Warnhinweise

Löwenzahn darf bei Verschluss der Gallenwege, bestehenden Gallensteinen, Gallenblasenemphysem, Entzündungen der Gallenwege und Darmverschluss nicht angewendet werden.

Bei empfindlichen Menschen können die Bitterstoffe des Löwenzahns eine Übersäuerung des Magens hervorrufen, die sich durch Sodbrennen und Magenschmerzen bemerkbar macht.

Mariendistel

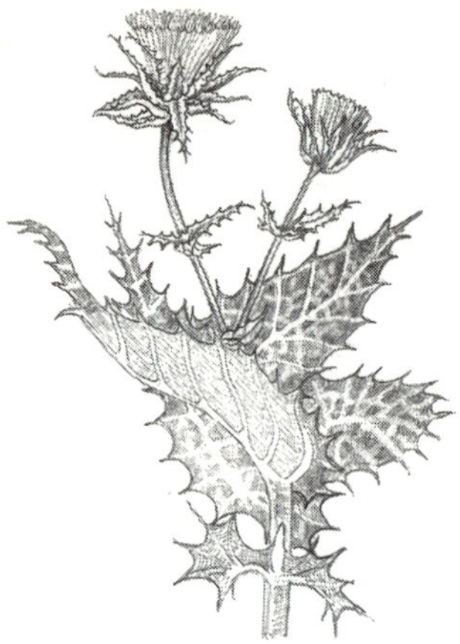

Botanischer Name
Silybum marianum
Sie gehört zur Familie der Korbblütengewächse.

Volkstümliche Namen
Christi Krone, Frauendistel, Heilandsdistel, Stechkraut

Aussehen, Geruch und Geschmack

Die Mariendistel wird bis zu eineinhalb Meter hoch. Ihre kräftigen, eckigen und verzweigten Stengel sind dicht mit auffallenden, weißgrün marmorierten Blättern besetzt. Eine Dornenrosette umgibt die rotviolett blühenden Blütenköpfe.

Zubereitungen aus den Früchten der Mariendistel haben einen bitterlichen Geschmack.

Standort, Blüte- und Erntezeit

In Nordafrika und Südeuropa, hauptsächlich im Mittelmeerraum, ist die Mariendistel beheimatet. Bei uns kommt sie nur ziemlich selten wildwachsend vor. Sie bevorzugt kalkhaltige, trockene Böden und einen sonnigen Standort.
Blütezeit ist von Juni bis August, und die vollreifen Samen werden von Mitte August bis Ende September geerntet.

Verwendete Pflanzenteile

In der Pflanzenheilkunde werden die voll ausgereiften, getrockneten Früchte verwendet. Auch wenn die Mariendistel in unserem Klima nicht gedeiht, müssen Sie nicht auf sie verzichten. Mariendistelfrüchte und Zubereitungen daraus sind in der Apotheke erhältlich.

Wirksame Inhaltsstoffe

Die Früchte der Mariendistel *(Cardui mariae fructus)* enthalten Bitterstoffe, ätherisches Öl und den Wirkstoffkomplex Silymarin. Zuletzt genanntes schützt die Leber und unterstützt die Heilung von Leberzellentzündungen (Hepatitis).

In der Notfallmedizin ist das Silymarin bei einer Vergiftung mit dem Knollenblätterpilz ein wirksames Gegengift, wenn es sofort in die Blutbahn gespritzt wird.

Geschichte und Mythologie

Die Namen der Mariendistel sind eng mit dem christlichen Glauben verknüpft: Einer alten Legende nach sollen die weißen Marmorierungen auf den Blättern der Mariendistel von der Muttermilch Mariens stammen. Als sie das Jesuskind stillte, fielen einige Tropfen zu Boden, aus denen die Mariendistel wuchs.

Die volkstümlichen Namen Heilandsdistel oder Christi Krone beziehen sich auf die Kreuzigung Christi – eine Assoziation, zu der vermutlich die dornigen Grundblätter der Blütenköpfe anregten.

Die Mariendistel wurde auch zur Steigerung der Milchproduktion in der Stillzeit angewendet, was in ihrer Bezeichnung Frauendistel zum Ausdruck kommt.

Anwendung in der Klostermedizin

Die Mariendistel war schon den Ärzten der Antike als Arzneipflanze bekannt. Dioskurides und Theophrast benutzten ihre Wurzeln als Brechmittel bei Vergiftungen.

In der mittelalterlichen Klostermedizin wurden die Samen der Mariendistel als Mittel gegen Seitenstechen und Gelbsucht eingesetzt. Außerdem galten sie als harntreibend sowie steinlösend und wurden auch zur Anregung der Milchbildung in der Stillzeit verwendet. Hildegard von Bingen nannte die Pflanze Venusdistel und verordnete Abkochungen aus den Samen bei Brustleiden und Seitenstechen.

Wissenschaftlich empfohlene Anwendung

Der Wirkstoffkomplex Silymarin hat einen die Leberzellen schützenden Effekt. Er ist sehr wirkungsvoll zur unterstützenden Therapie und Nachbehandlung von chronischen, entzündlichen Lebererkrankungen, Fettleber und Leberzirrhose. Das Allgemeinbefinden verbessert sich ziemlich schnell, und die mit den chronischen Leberentzündungen einhergehenden Magen-Darm-Beschwerden klingen frühzeitig ab.

Bei sachgemäßer Anwendung sind Nebenwirkungen nicht zu befürchten. In seltenen Fällen können Durchfälle auftreten. Wechselwirkungen mit anderen Heilmitteln oder Gegenanzeigen sind bisher nicht bekannt.

Anwendungsformen

Teezubereitungen aus Mariendistel sind wenig sinnvoll, weil der Wirkstoff Silymarin kaum wasserlöslich ist. Greifen Sie deshalb auf geeignete Präparate aus der Apotheke zurück, z. B. »Legalon« oder »durasilymarin«.

Melisse

Botanischer Name
Melissa officinalis
Sie gehört zur Familie der Lippenblütengewächse.

Volkstümliche Namen
Bienenkraut, Gartenmelisse, Herztrost, Mutterkraut, Pfaffenkraut, Spanischer Salbei, Zitronenmelisse

Aussehen, Geruch und Geschmack

Die Melisse wird 60 bis 80 Zentimeter hoch. Ihre Stengel sind vierkantig und verzweigt: Rundum sitzen die breiten, eiförmigen Blätter in dichten Quirlen und sind dünn behaart. Die unscheinbaren weißen Blüten befinden sich in den oberen Blattachsen.

Zerreibt man die Blätter zwischen den Fingern, verströmen sie einen zitronigen Duft, weshalb die Melisse oft auch Zitronenmelisse genannt wird. Melisse schmeckt besonders erfrischend würzig.

Standort, Blüte- und Erntezeit

Die Melisse stammt ursprünglich aus dem Vorderen Orient und ist schon seit dem Altertum im Mittelmeerraum heimisch, wo sie zuerst von den Arabern in Spanien angebaut wurde. Auf lockeren, fruchtbaren Böden gedeiht Melisse und bevorzugt einen sonnigen, geschützten Standort. Bei uns kommt sie wildwachsend kaum vor. Sie wird in Gärten und Kulturen angebaut.

Die Melisse blüht von Juli bis Ende August, und ihre Blätter werden vor oder nach der Blütezeit geerntet.

Verwendete Pflanzenteile

Für medizinische Zwecke werden die Melissenblätter zum Trocknen auf einem luftigen Gestell ausgebreitet. In der Küche verwendet man nur die frischen Blätter, weil sie beim Trocknen ihr Aroma verlieren.

Wirksame Inhaltsstoffe

Melissenblätter enthalten ätherische Öle, Gerb- und Bitterstoffe sowie Flavonoide. Sie wirken krampflösend, beruhigend, antibakteriell und verdauungsfördernd. Neuerdings wurden auch antivirale Wirkungen der Melissenblätter entdeckt.

Geschichte und Mythologie

Die Melisse war im Altertum auch als Honigpflanze bekannt, weil sie die Bienen anlockte. Entsprechend ist ihr Name aus dem griechischen *melissa* (Honigbiene) abgeleitet. Auch die Bezeichnung Bienenkraut rührt daher. Da sie von den Arabern zuerst in Spanien angebaut wurde, nennt man sie auch Spanischer Salbei.

Hildegard von Bingen bezeichnete sie als *Binsuga* (Bienenauge). In den mittelalterlichen Kräuterbüchern tauchte die Melisse als Herztrost oder Mutterkraut auf, weil sie gegen Herzklopfen und Unterleibsschmerzen verwendet wurde.

Die Mönche des Mittelalters stellten aus dem Melissenöl Liköre her. Daher nannte man sie auch Pfaffenkraut. Und

»Klosterfrau Melissengeist« haben Nonnen »erfunden« – er wird heute noch hergestellt.

Viele Imker reiben einen neuen Bienenstock mit Melisse ein, damit das Bienenvolk auch wieder zurückkehrt.

Anwendung in der Klostermedizin

Die Benediktinermönche brachten die Melisse nach Deutschland und pflanzten sie in ihren Klostergärten an. Sie gehörte zu den wichtigsten Heilkräutern des Mittelalters. Man verordnete sie gegen Frauenleiden, Herzschwäche, Epilepsie und Melancholie. Hildegard von Bingen kommentierte die Wirkung der Pflanze mit den Worten: »wer sie ißet, wird gerne lachen, weil ihre Wärme die Milz angreift und dadurch das Herz freudig macht.«

Wissenschaftlich empfohlene Anwendung

Die Inhaltsstoffe der Melissenblätter *(Melissae folium)* wirken beruhigend und helfen somit gegen nervöse Unruhe. Bei Einschlafstörungen fördern sie die Schlafbereitschaft.

Sie bringen Erleichterung bei krampfartigen Beschwerden, Blähungen sowie Völlegefühl in Magen und Darm.

Herpesbläschen, die ja durch Viren verursacht werden, heilen gut ab, wenn man die Salbe »Lomaherpan« aufträgt, die die Wirkstoffe der Melisse enthält.

Bei sachgemäßer Anwendung sind Nebenwirkungen nicht zu befürchten. Wechselwirkungen mit anderen Heilmitteln oder Gegenanzeigen sind bisher nicht bekannt.

Anwendungsformen

Für einen Melissentee übergießen Sie zwei Teelöffel Melissenblätter mit heißem Wasser. Abgedeckt fünf bis zehn Minuten ziehen lassen, dann absieben. Die Tagesdosis sind drei Tassen Melissentee.

Zur Einschlafförderung trinken Sie abends, kurz bevor Sie zu Bett gehen, zwei Tassen Melissentee.

Ein Melissentee mit Baldrian verstärkt die beruhigende Wirkung der Melisse (siehe Seite 43).

Bei nervöser Unruhe oder Magen-Darm-Beschwerden trinken Sie dreimal täglich eine Tasse Melissentee.

Zur Geschmacksverbesserung und Verstärkung seiner Heilwirkung bereiten Sie den Melissentee mit Pfefferminze zu. Übergießen Sie dazu je einen Teelöffel Melissenblätter und Pfefferminzblätter mit einer Tasse heißem Wasser. Abgedeckt fünf bis zehn Minuten ziehen lassen, danach absieben. Trinken Sie dreimal täglich eine Tasse.

Ein Melissenbad ist eine sinnvolle Unterstützung zur Behandlung von Einschlafstörungen und nervöser Unruhe. Übergießen Sie 100 Gramm Melissenblätter mit einem Liter heißen Wasser, und lassen Sie den Aufguss abgedeckt fünf bis zehn Minuten ziehen. Dann absieben und dem Badewasser zugeben.

Pfefferminze

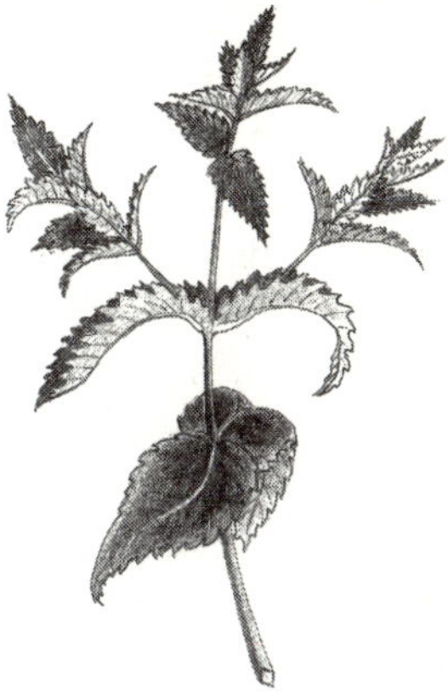

Botanischer Name
Mentha piperita
Sie gehört zur Familie der Lippenblütengewächse.

Volkstümliche Namen
Englische Minze, Katzenminze

Aussehen, Geruch und Geschmack

Die heutige Form der Pfefferminze ist im Laufe der Jahrhunderte durch mehrfache Kreuzungen und Züchtungen aus der Bachminze oder Wasserminze *(Mentha aquatica)* und der Grünen Minze *(Mentha spicata)* entstanden. Ihre Urform ist nicht bekannt. Die Pfefferminze wird bis zu 80 Zentimeter hoch, und ihre Blattstengel sind vierkantig, im oberen Teil etwas verzweigt. Spitz oder eiförmig sind die schwach glänzenden Blätter und am Rand gezahnt. Manchmal sind Blätter und Stengel auch rötlich verfärbt. Die länglichen, blassrosa Blütenquirle wachsen aus den oberen Blattachsen heraus.

Das Pfefferminzkraut riecht balsamisch würzig. Sein Geschmack ist erfrischend und erinnert ein wenig an Kampfer.

Die Krauseminze unterscheidet sich von der Pfefferminze durch ihre stark gewellten Blätter, die so aussehen, als wären sie verschrumpelt. Ihre Blütenquirle sind auch schmaler als die der Pfefferminze und von blassvioletter Farbe.

Die Wasser- oder Bachminze sieht der Pfefferminze ähnlich, ihre Blüten sind aber kugelig und von rotvioletter Farbe.

Die Polei-Minze ähnelt im Wuchs der Pfefferminze. Ihre Blätter sind kleiner und graugrün, ihre blasslila Blüten stehen in zwei bis vier dichten, kleinen Quirlen in den oberen Blattachsen übereinander. Allerdings ist sie giftig und wird heute für den Menschen nicht mehr verwendet. Manchmal wird sie noch gegen Ungeziefer eingesetzt.

Standort, Blüte- und Erntezeit

Die Ur-Pfefferminze stammte wahrscheinlich aus dem Fernen Osten (China, Japan) und gelangte über Nordafrika nach Südeuropa. Wildwachsend kommt die heutige Form der Pfefferminze nur selten vor: Sie wird angebaut und durch ihre Wurzelausläufer vermehrt, weil sie keine Samen ausbildet. Die Pflanze braucht einen feuchten, fruchtbaren Boden und einen warmen, sonnigen bis halbschattigen Standort. Pfefferminze können Sie auch gut bei sich zu Hause im Garten oder sogar auf der Fensterbank ziehen.

Sie blüht von Juli bis September – ihre Blätter werden kurz vor der Blütezeit gesammelt.

Verwendete Pflanzenteile

Für medizinische Zwecke wird überwiegend die Pfefferminze gebraucht.

Die Wirkstoffe der Wasserminze sind hingegen erheblich schwächer und werden in der modernen Pflanzenheilkunde nicht verwendet.

Die Inhaltsstoffe der Krauseminze sind die gleichen wie die der Pfefferminze. Da der Wirkstoffgehalt jedoch starken Schwankungen unterliegt, wird die Krauseminze nur selten für medizinische Zwecke verarbeitet. Sie wird industriell in der Lebensmittel- und Kosmetikbranche genutzt.

Schneiden Sie kurz vor der Blütezeit das ganze Pfefferminzkraut dicht über dem Boden ab, und zupfen Sie die Blätter ohne ihre Stiele ab. Achten Sie darauf, dass die Blätter nicht mit Rostpilz befallen sind, der sehr häufig bei der Pfefferminze vorkommt. Breiten Sie die Blätter locker auf einem luftigen Gestell aus, und lassen Sie diese langsam trocknen, denn die grüne Farbe der Blätter soll erhalten bleiben.

Wirksame Inhaltsstoffe

Der Hauptwirkstoff der Pfefferminzblätter ist das Menthol, ein ätherisches Öl. Daneben enthalten die Blätter auch Gerbstoffe und Flavonoide. Innerlich angewendet wirken sie im Magen-Darm-Trakt krampflösend, desinfizierend und gallefördernd. Äußerlich angewendet hat das Menthol einen kühlenden und entkrampfenden Effekt.

Geschichte und Mythologie

Die Minze ist eine uralte Kulturpflanze. Bereits um 1200 v. Chr. wurde sie in Ägypten kultiviert. Man verwendete sie auch für den Totenkult. In ägyptischen Gräbern aus der Zeit um 1000 v. Chr. fand man Blumengebinde mit Minzeblättern. Da sie aber ursprünglich aus China und Japan stammt, muss sie noch älter sein, denn ihre Verbreitung nach Nordafrika hat bestimmt einige hundert Jahre gedauert. Sie gelangte dann nach Südeuropa, wo sie von den Benediktinermönchen in den Klostergärten des gesamten europäischen Raums verbreitet wurde. In England wurde sie erst Ende des 17. Jahrhunderts kultiviert.

Im Laufe der Jahrhunderte züchtete man immer neue Arten der Minze. Schon Theophrast beklagte sich deshalb, dass die Minzen sich »umwandeln«, womit er meinte, dass die Kulturpflanze sich wieder in ihre Wildform zurückentwickelte. Auch

Plinius der Ältere teilte diese Erfahrung. Und Walahfrid Strabo beschwerte sich: »Wenn einer die Kräfte, die Arten und Namen der Minze aufzählen wollte, so müsse er auch wissen, wie viele Fische im erythräischen Meer schwimmen«. Die verschiedenen Minzearten wurden bis in das 18. Jahrhundert in den Kräuterbüchern beschrieben. Danach erwähnte man nur noch die Pfefferminze, die auch oft Englische Minze genannt wurde.

Der deutsche Name Pfefferminze geht auf den strengen, pfefferartigen Geschmack der ätherischen Öle zurück. Darauf weist auch die lateinische Bezeichnung *piperita* (Pfeffer) hin. *Mentha* ist vom griechischen *Minthe* abgeleitet. Minthe war eine Nymphe, die in eine Pflanze verwandelt wurde.

Anwendung in der Klostermedizin

Schon Plinius der Ältere berichtete über die Heilwirkung der Minze: »Man sagt, dass sie auch die Milz heile, wenn man neun Tage nacheinander im Garten, ohne sie zu pflücken, von ihr koste.« Dioskurides beschrieb die Minze als zusammenziehend, erwärmend und austrocknend. Er empfahl sie als Mittel gegen Würmer, als Umschlag bei Abszessen und Furunkeln und auch als Aphrodisiakum.

Karl der Große ordnete in »Capitulare de Villis« den Anbau von drei Arten Minze und Polei-Minze an. In der Klostermedizin wurden die verschiedenen Minzearten zur Behandlung von Leberleiden, Verdauungsstörungen, Harnwegserkrankungen, Gicht sowie gegen Würmer und Flöhe gebraucht. Auch zur Erleichterung der Geburt war sie ein geschätztes Arzneimittel, ebenso bei Kopfschmerzen, Ohrenschmerzen, Schnupfen und Husten. Hildegard von Bingen verordnete die Krauseminze gegen Gicht und zur Förderung der Verdauung. Sie sollte als Gewürz den Fleisch- und Fischgerichten hinzugefügt oder als Wein getrunken werden.

Wissenschaftlich empfohlene Anwendung

Das ätherische Öl der Pfefferminzblätter *(Menthae piperitae folium)*, das Menthol *(Oleum Menthae piperitae)*, entkrampft die glatte Muskulatur von Magen und Darm und wird deshalb bei kolikartigen Beschwerden des Magen-Darm-Trakts und der Gallenblase angewendet.

Das Menthol wird über die Gallenwege der Leber ausgeschieden. Deshalb wirken auch hier seine krampflösenden und desinfizierenden Eigenschaften.

Übelkeit, Brechreiz, Blähungen und Völlegefühl sind weitere Indikationen für den Gebrauch von Pfefferminztee.

Im Handel ist auch reines Pfefferminzöl erhältlich, das aus japanischen Minzearten durch Wasserdampfdestillation gewonnen wird. Es kann den Pfefferminztee nicht ersetzen, weil die Begleitstoffe der Pfefferminzblätter fehlen. Das Pfefferminzöl wirkt kühlend und entkrampfend. Äußerlich angewendet ist es ein wirksames Mittel gegen Kopfschmerzen und Entzündungen der Nasen-, Mund- und Rachenschleimhäute. Darüber hinaus lindert Pfefferminzöl auch Muskel- und Nervenschmerzen. Wenn es inhaliert wird, fördert es das Abhusten von Bronchialsekreten.

Bei sachgemäßer Anwendung von Pfefferminzblättern und -öl sind Nebenwirkungen nicht zu befürchten. Wechselwirkungen mit anderen Heilmitteln sind bisher nicht bekannt.

Anwendungsformen

Pfefferminztee und -öl sollten Sie nur so lange gebrauchen, wie die Beschwerden andauern. Auf Dauer stellt sich nämlich durch Gewöhnung ein Nachlassen der Wirkung ein.

Für einen Pfefferminztee übergießen Sie einen Teelöffel Pfefferminzblätter mit einer Tasse heißem Wasser. Abgedeckt fünf bis zehn Minuten ziehen lassen, dann absieben. Trinken Sie täglich zwei bis drei Tassen zwischen den Mahlzeiten.

Pfefferminztee ist auch zum Inhalieren oder für Mund- und Rachenspülungen geeignet. Für eine Inhalation übergießen Sie drei bis vier Teelöffel Pfefferminzblätter mit einem halben Liter heißem Wasser. Lassen Sie diesen Aufguss nicht ziehen, sondern atmen Sie seine heißen Dämpfe ein.

Für Mund- und Rachenspülungen übergießen Sie zwei Teelöffel Pfefferminzblätter mit einem Viertelliter heißem Wasser. Abgedeckt fünf bis zehn Minuten ziehen lassen und dann absieben. Spülen und gurgeln Sie mit dieser Lösung dreimal täglich.

Bei Kopf-, Muskel- und Nervenschmerzen reiben Sie die betroffenen Stellen mit drei bis vier Tropfen Pfefferminzöl ein.

Auch mit Pfefferminzöl können Sie inhalieren. Geben Sie vier Tropfen Pfefferminzöl in einen halben Liter heißes Wasser, und atmen Sie sofort die aufsteigenden Dämpfe ein.

Warnhinweise

Das ätherische Öl der Pfefferminzblätter und das reine Pfefferminzöl können zu allergischen Reaktionen führen. Brechen Sie die Behandlung dann sofort ab.

Bei Gallensteinleiden, Verschluss der Gallenwege und schweren Leberschäden dürfen Pfefferminzblätter und -öl nicht eingesetzt werden.

Bei Säuglingen und Kleinkindern darf Pfefferminzöl nicht im Gesicht angewendet werden.

Rettich

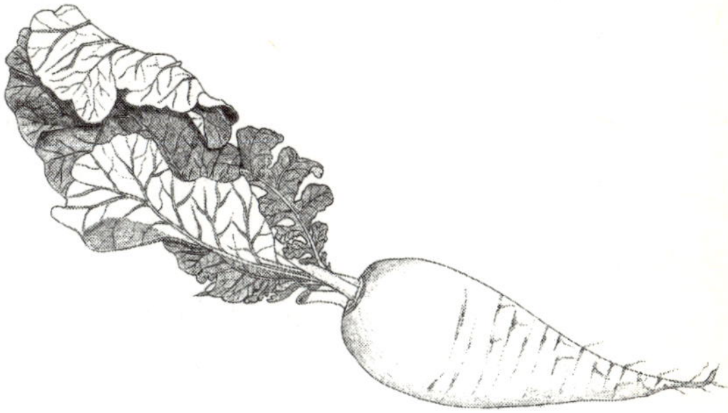

Botanischer Name
Raphanus sativus
Er gehört zur Familie der Kreuzblütengewächse.

Volkstümliche Namen
Bierrettich, Radi

Aussehen, Geruch und Geschmack

Die Rettichpflanze wird etwa einen Meter hoch, und ihre großen Blätter wachsen aus dem oberen Ende der Wurzel heraus. Sie sind mehrfach tief eingeschnitten und von silbriggrüner Farbe. Während des Wachstums schiebt sich die rübenförmig verdickte Wurzel bis zur Hälfte aus dem Erdreich heraus. Die weißen bis hellvioletten Blüten stehen in einer lockeren Traube auf dem aufrechten, hohlen Stengel.

Der Geruch des Rettichs ist eigentümlich scharf und erinnert an Kresse. Sein Geschmack ist angenehm scharf und anregend.

Standort, Blüte- und Erntezeit

Der Rettich stammt ursprünglich aus dem Mittelmeerraum. Wildwachsend kommt er nicht mehr vor, sondern wird in Kulturen angebaut.
Rettich blüht von Juni bis August und wird kurz vor der Blütezeit geerntet.

Verwendete Pflanzenteile

Für die medizinische Anwendung wird der Saft der frischen Rettichwurzel verwendet.

Wirksame Inhaltsstoffe

Rettichsaft enthält Senfölglykoside und ätherisches Öl, die die Verdauungssäfte anregen und auch antibakteriell wirken.

Schwarzer Rettich *(Raphani sativi radix niger)* enthält eine höhere Konzentration der Wirkstoffe als der Weiße Rettich *(Raphani sativi radix)*.

Geschichte und Mythologie

Rettich ist eine uralte Kulturpflanze. Er zählte neben Zwiebeln und Knoblauch zu den die Gesundheit fördernden Lebensmitteln. Schon die Erbauer der Cheopspyramide (2900 v. Chr.) wurden mit Rettich verköstigt.

Anwendung in der Klostermedizin

Dioskurides empfahl Rettich zur Behandlung von Gallensteinen. Die Mönche des Mittelalters übernahmen diese Indikation: Sie verwendeten Rettich als verdauungsförderndes Mittel.

Wissenschaftlich empfohlene Anwendung

Rettichsaft unterstützt die Sekretion von Gallenflüssigkeit und regt die Muskulatur des Darms zu verstärkter Bewegung an, was den Stuhlgang fördert.

Rettich wird zur Behandlung von Gallenblasenentzündungen

und den damit verbundenen Verdauungsbeschwerden eingesetzt. Außerdem ist er ein mildes Abführmittel.

Bei sachgemäßer Anwendung sind keine Nebenwirkungen zu befürchten. Wechselwirkungen mit anderen Heilmitteln sind bisher nicht bekannt.

Anwendungsformen

Für die Herstellung von Rettichsaft schälen und zerkleinern Sie die Rettichwurzel und entsaften die Stücke in der Saftpresse. Oder Sie raspeln den Rettich auf einer Küchenreibe und pressen ihn mit einem dünnen Baumwolltuch aus. Ein mittelgroßer Rettich liefert etwa einen Viertelliter Saft. Stellen Sie den frisch gepressten Rettichsaft abgedeckt einige Stunden in den Kühlschrank – dadurch verliert er seinen anfänglich beißenden Geschmack. Nehmen Sie mehrmals täglich ein bis zwei Esslöffel Saft ein. Die Tagesmenge darf 50 bis 100 Milliliter Saft nicht überschreiten. Nach vier bis fünf Tagen legen Sie eine Pause von zwei bis drei Tagen ein und wiederholen dann die Anwendung.

Warnhinweise

Der Rettichsaft darf bei Gallensteinen überhaupt nicht und grundsätzlich nie über einen längeren Zeitraum eingenommen werden.

Rettichsaft kann zu Brechreiz, Benommenheit, Pupillenverengung und Eiweißausscheidung im Urin führen.

Bei empfindlichem Magen kann er Magenbeschwerden verursachen.

Ringelblume

Botanischer Name
Calendula officinalis
Sie gehört zur Familie der Korbblütengewächse.

Volkstümliche Namen
Goldblume, Regenblume, Ringelrose, Studentenblume

Aussehen, Geruch und Geschmack

Die Ringelblume wird bis zu 60 Zentimeter hoch. Ihre Stengel sind kantig, filzig behaart und im oberen Teil verzweigt. Die länglichen spitzen Blätter sind mit feinen Härchen besetzt.

Ihre orangegelben Blüten können einen Durchmesser von bis zu fünf Zentimetern erreichen – diese duften und schmecken aromatisch.

Standort, Blüte- und Erntezeit

Die ursprüngliche Heimat der Ringelblume ist wahrscheinlich Südosteuropa. Hierzulande kommt sie wildwachsend nicht vor. Sie wird in großen Kulturen angebaut und bereichert jeden Garten und jede Terrasse mit ihrem schönen Aussehen. Die Ringelblume ist sehr genügsam und stellt keine besonderen Ansprüche an Boden sowie Standort. Allerdings braucht sie einen windgeschützten Platz.

Blütezeit ist von Juni bis Oktober, und zur gleichen Zeit wird sie auch geerntet.

Verwendete Pflanzenteile

Für die medizinische Anwendung werden ihre Blütenköpfe gesammelt. Schneiden Sie die voll erblühten Köpfe ohne den Stengel ab, und trocknen Sie diese locker ausgebreitet auf einem luftigen Gestell.

Wirksame Inhaltsstoffe

Die Blüten der Ringelblume *(Calendulae flos)* enthalten Glykoside, Carotinoide, ätherisches Öl und Bitterstoffe. Ihre Inhaltsstoffe wirken entzündungshemmend und fördern die Wundheilung.

Bei sachgemäßer Anwendung sind Nebenwirkungen nicht zu befürchten. Wechselwirkungen mit anderen Heilmitteln oder Gegenanzeigen sind bisher nicht bekannt.

Geschichte und Mythologie

Im bäuerlichen Brauchtum war die Ringelblume ein Wetteranzeiger: Wenn sich ihre Blüten morgens nach acht Uhr noch nicht geöffnet hatten, würde es tagsüber regnen. Deshalb wurde sie auch Regenblume genannt.

Als Liebesorakel galt sie hingegen im Volksglauben: Trieb die Ringelblume kräftig aus und blühte stark, dann konnte man sich auch der Liebe des begehrten Menschen sicher sein.

Im Mittelalter verfälschten die Gewürzhändler den teuren Safran mit pulverisierten Blüten der Ringelblume.

Anwendung in der Klostermedizin

Die Ärzte der Antike benutzten die Ringelblume wahrscheinlich nicht, denn die ersten schriftlichen Erwähnungen der Ringelblume als Arzneimittel stammen aus dem elften Jahrhundert. Der arabische Arzt Avicenna setzte sie damals zur Vertreibung von Ungeziefer ein.

In der Klostermedizin wurde die Ringelblume bei der Behandlung von Leber- und Milzerkrankungen verwendet. Auch gegen Herzklopfen und zur Erleichterung der Geburt war sie ein beliebtes Arzneimittel. Hildegard von Bingen nannte sie *Ringula* und verordnete sie gegen Ekzeme und Verdauungsstörungen. In manchen Kräuterbüchern des späten Mittelalters wurde die Ringelblume auch als *Herba canceri*, als Krebskraut erwähnt.

Wissenschaftlich empfohlene Anwendung

Die Blüten der Ringelblume werden äußerlich in Form von Aufgüssen angewendet. Ihre Wirkstoffe fördern das Abheilen von Wunden, die sonst nur sehr langwierig heilen, wie z. B. *Ulcus cruris* (offenes Bein) oder *Dekubitus* (Druckgeschwür, das bei langer Bettlägrigkeit entstehen kann).

Auch stark verschmutzte und/oder infizierte Wunden sollten mit einem Aufguss der Blüten ausgewaschen werden.

Ein solcher Aufguss ist als Mundspülung auch bei entzündlichen Veränderungen der Mund- und Rachenschleimhäute wirksam.

Anwendungsformen

Für alle Anwendungsgebiete stellen Sie sich einen Tee aus den Blüten her. Übergießen Sie zwei Teelöffel der Blüten mit einer Tasse heißem Wasser. Abgedeckt zehn Minuten ziehen lassen, dann absieben.

Bei Entzündungen der Mund- und Rachenschleimhäute gurgeln Sie mehrmals täglich mit dem Ringelblumentee.

Zur Wundreinigung spülen Sie die betroffenen Hautbezirke wiederholt mit dem warmen Tee aus.

Zur Behandlung von *Ulcus cruris* und *Dekubitus* tränken Sie sterile Kompressen mit dem warmen Ringelblumentee und legen sie auf die Wunden. Wechseln Sie diese Umschläge mehrmals täglich. Achten Sie darauf, dass der Umschlag nicht austrocknet – nehmen Sie ihn kurz vorher ab.

Warnhinweise

In seltenen Fällen sind Hautreizungen möglich.

Rosmarin

Botanischer Name

Rosmarinus officinalis

Er gehört zur Familie der Lippenblütengewächse.

Volkstümliche Namen

Anthoskraut, Meertau, Rosmarie, Weihrauchkraut

Aussehen, Geruch und Geschmack

Der Rosmarin ist ein immergrünes, strauchiges Gewächs, das bis zu einem Meter hoch werden kann. Die holzigen Stengel sind stark verzweigt und wachsen aufrecht – sie erinnern an Tannenzweige. Auch die Blättchen sehen aus wie Tannennadeln: Auf ihrer Oberseite sind sie dunkelgrün, ihre Unterseite ist grau und filzig behaart. Die zartblauen bis hellvioletten Blüten sitzen in den oberen Abschnitten der Blattachsen.

Blätter und Blüten duften nach Kampfer. Ihr Geschmack ist leicht bitter und würzig.

Standort, Blüte- und Erntezeit

Rosmarin ist im gesamten Mittelmeergebiet verbreitet. Dort wächst er auch wild. Bei uns wird er angebaut oder im Garten gezogen. Die Pflanze braucht einen warmen, sonnigen Standort und einen lockeren, sandigen, aber nährstoffreichen Boden.

Rosmarin blüht je nach Standort von März bis Juni. Für medizinische Zwecke wird er von März bis Mai noch vor der Blütezeit geerntet.

Verwendete Pflanzenteile

Schneiden Sie die noch nicht verholzten Triebspitzen ab, und hängen Sie diese in lockeren Bündeln zum Trocknen auf. Wenn die Rosmarinnadeln zu welken beginnen, trocknen Sie sie im Backofen bei höchstens 40 °C nach.

Wirksame Inhaltsstoffe

Die Rosmarinnadeln *(Rosmarini folium)* enthalten Bitter- und Gerbstoffe sowie ein kampferhaltiges ätherisches Öl, das für die medizinische Wirkung des Rosmarins verantwortlich ist. Äußerlich angewendet fördert das ätherische Öl des Rosmarins die Durchblutung der Haut. Im Tierversuch wirkte es im Dünndarm sowie an der Gallenblase krampflösend und steigerte die Durchblutung der Herzkranzgefäße.

Geschichte und Mythologie

Die lateinische Bezeichnung *rosmarinus* stammt vom griechischen *rhops myrinos*, das »wohlriechender Strauch« bedeutet. Der deutsche Name Rosmarin ist wiederum vom lateinischen *rosmarinus* (Meernebel) abgeleitet. Rosmarin wächst in Südeuropa häufig an den Stränden des Mittelmeers. Darauf weist auch sein volkstümlicher Name Meertau hin. In alten Apothekerbüchern wurden die Rosmarinnadeln *Folia Anthos* genannt, was sich in der Bezeichnung Anthoskraut erhalten hat.

Den Ägyptern, Griechen und Römern war Rosmarin heilig. Er wurde zu kultischen Riten gebraucht, und man bekränzte

Götterbilder mit Rosmarinzweigen. Auch die Siegerkränze wurden aus Rosmarin, Lorbeer und Myrthe gebunden. Bei den Griechen war Rosmarin der Göttin Aphrodite geweiht.

Anwendung in der Klostermedizin

In der Antike wurde Rosmarin nur selten als Arzneipflanze verwendet. Lediglich Dioskurides erwähnte, dass er erwärmend sei und die Gelbsucht heile. In den Kräuterbüchern des Mittelalters wurde Rosmarin als Heil- und Zierpflanze beschrieben.

Wahrscheinlich gelangte er durch römische Soldaten oder die Benediktinermönche nach Mitteleuropa. Er wurde in den Klostergärten kultiviert, und auch Karl der Große empfahl in »Capitulare de villis« den Anbau von Rosmarin. Die Ärzte der Klöster verwendeten Rosmarin als Stärkungs- und Anregungsmittel bei Lähmungen, Schlafsucht und Epilepsie.

Wissenschaftlich empfohlene Anwendung

Äußerlich angewendet steigert Rosmarin die Durchblutung der Haut und regt dadurch Kreislauf sowie Stoffwechsel an. Er ist also ein wirksames Mittel gegen Kreislaufschwäche und niedrigen Blutdruck.

Durch seine den Stoffwechsel anregende Wirkung ist er zur unterstützenden Behandlung von rheumatischen Beschwerden geeignet.

Rosmarin besitzt zwar auch verdauungsfördernde Eigenschaften, die aber so schwach sind, dass sie vernachlässigt werden können.

Bei sachgemäßer Anwendung sind keine Nebenwirkungen zu befürchten. Wechselwirkungen mit anderen Heilmitteln sind bisher nicht bekannt.

Anwendungsformen

Zur Stabilisierung des Kreislaufs bei zu niedrigem Blutdruck und zur Unterstützung der Behandlung von rheumatischen Beschwerden haben sich Rosmarinbäder bewährt: Überbrühen Sie 50 Gramm Rosmarinnadeln mit einem halben Liter kochendem Wasser. Abgedeckt 30 Minuten ziehen lassen, dann absieben und dem Badewasser zugeben. Ein Rosmarinbad sollten Sie wegen seiner anregenden Wirkung am besten morgens oder vormittags nehmen.

Rosmarin ist auch ein beliebtes Gewürz in der Mittelmeerküche.

Salbei

Botanischer Name

Salvia officinalis

Er gehört zur Familie der Lippenblütengewächse.

Volkstümliche Namen

Echter Salbei, Edelsalbei, Muskatellerkraut, Selve, Zupfblatteln

Aussehen, Geruch und Geschmack

Der Salbei ist ein strauchig wachsendes Kraut, das bis zu 60 Zentimeter hoch wird. Seine vierkantigen Stiele verholzen im unteren Bereich der Pflanze, und an den Stielen befinden sich weiße, filzige Härchen. Die schmalen Blätter sind länglich spitz zulaufend und von graugrüner Farbe. Am oberen Ende der Stengel sitzen blauviolette Blüten und bilden längliche Ähren.

Salbei riecht nach Kampfer und balsamisch würzig. Sein Geschmack ist zusammenziehend, würzig und etwas bitter.

Standort, Blüte- und Erntezeit

Salbei ist im gesamten Mittelmeerraum heimisch und wächst dort auch wild. Bei uns wird er angebaut oder im Garten kultiviert. Er benötigt einen trockenen, lockeren, kalkhaltigen Boden und einen warmen, sonnigen Standort.

Salbei blüht von Juni bis Juli und wird vor der Blütezeit geerntet.

Verwendete Pflanzenteile

Für medizinische Zwecke zupfen Sie die Blätter der oberen Triebe ab und breiten diese lose auf einem luftigen Gestell zum Trocknen aus.

Wirksame Inhaltsstoffe

Die Salbeiblätter *(Salviae folium)* enthalten ätherisches Öl, dessen Hauptbestandteile Thujon, Cineol und Kampfer sowie Gerbstoffe, Bitterstoffe, Glykoside und Flavonoide sind. Sie wirken entzündungshemmend, zusammenziehend und der Schweißproduktion entgegen.

Darüber hinaus hemmen die ätherischen Öle das Wachstum von Bakterien, Pilzen und Viren.

Geschichte und Mythologie

Die Römer gaben dem Salbei den Namen *Salvia,* der vom lateinischen *salvare* (heilen) abgeleitet wurde. Angeblich sagte Caesar, als ihm der Tod eines Freundes gemeldet wurde: »Aber er hatte doch Salbei im Garten!« Salbei war Universalmedizin und wurde gegen alle möglichen Erkrankungen verwendet.

Im alten Ägypten tranken unfruchtbare Frauen Salbeisaft, um eine Schwangerschaft zu ermöglichen.

In der christlichen Legende suchte die Heilige Familie unter einem Salbeistrauch Schutz vor ihren Verfolgern. Der Salbei wurde deshalb auch »Strauch, der das Heil der Welt barg« genannt.

Anwendung in der Klostermedizin

Der Salbei ist eine uralte Heilpflanze. Sie gelangte durch die Benediktinermönche nach Mitteleuropa und wurde in den Klostergärten als Arzneipflanze kultiviert. Auch Karl der Große ordnete den Anbau von Salbei an.

Walahfrid Strabo beschrieb ihn in seinem Gartenbuch »Hortulus«: »Der süßduftende, allzu samenreiche Salbei; Salvia, die Mutter der Kräuter.« Auch in der mittelalterlichen Medizin war Salbei ein Universalheilmittel. In den mittelalterlichen Kräuterbüchern zählte man seine Heilkräfte über mehrere Seiten hin auf. Für Hildegard von Bingen war er das wichtigste Mittel gegen Koliken.

Wissenschaftlich empfohlene Anwendung

Äußerlich angewendet wirken die Inhaltsstoffe der Salbeiblätter *(Salviae folium)* schmerzlindernd und desinfizierend. Aufgüsse aus Salbeiblättern werden deshalb bei Entzündungen des Zahnfleischs sowie der Mund- und Rachenschleimhäute zum Gurgeln und Spülen gebraucht.

Innerlich angewendet lindert Salbeitee dyspeptische Beschwerden wie Blähungen, Völlegefühl und leichten Durchfall.

Außerdem hemmt Salbei die Schweißproduktion, weil seine Wirkstoffe die Schweißdrüsen verengen. Er kann äußerlich gegen Fuß- und Achselschweiß gebraucht werden, innerlich angewendet hemmt er möglicherweise Schweißausbrüche wie sie in den Wechseljahren vorkommen.

Bei sachgemäßer Anwendung sind keine Nebenwirkungen zu befürchten. Wechselwirkungen mit anderen Heilmitteln sind nicht bekannt.

Anwendungsformen

Für einen Salbeitee überbrühen Sie zwei Teelöffel Salbeiblätter mit einer Tasse kochendem Wasser. Abgedeckt zehn bis 15 Minuten ziehen lassen, dann absieben. Trinken Sie drei- bis viermal täglich eine Tasse.

Salbeitee eignet sich auch zum Spülen und Gurgeln (alle zwei Stunden) sowie für Waschungen gegen Fuß- und Achselschweiß.

In der Apotheke sind Salbeiöl und -tinktur erhältlich. Sie enthalten das ätherische Öl der Pflanze in konzentrierter Form. Zur innerlichen Anwendung geben Sie ein bis zwei Tropfen Salbeiöl auf eine Tasse heißes Wasser. Zur äußerlichen Anwendung lösen Sie zwei bis drei Tropfen in 100 Milliliter warmem Wasser auf. Salbeitinktur wird unverdünnt auf die entzündete Schleimhaut gepinselt.

Letztendlich ist Salbei auch ein Gewürzkraut für Mittelmeergerichte.

Warnhinweise

Alle arzneilichen Zubereitungen aus Salbei sollten nicht über einen längeren Zeitraum angewendet werden, weil das giftige Thujon Herzrasen, Krämpfe und Schwindel auslösen kann.

In der Schwangerschaft dürfen Präparate aus Salbei ebenfalls nicht angewendet werden.

Schafgarbe

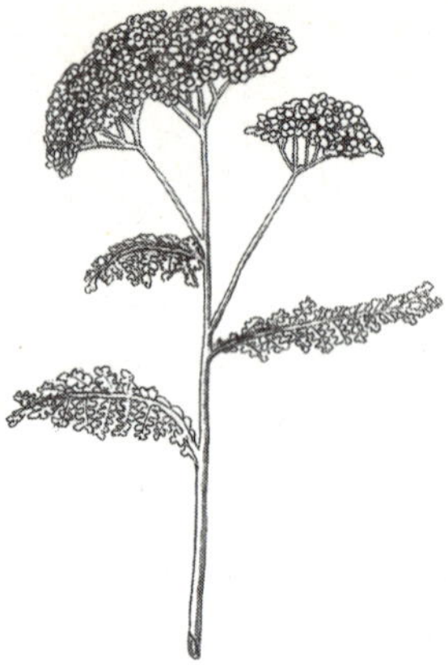

Botanischer Name
Achillea millefolium
Sie gehört zur Familie der Korbblütengewächse.

Volkstümliche Namen
Achilles, Feldhopfen, Gänsezungen, Katzenschwanz, Schafrippl, Tausendblatt

Aussehen, Geruch und Geschmack

Im Frühjahr treibt die Schafgarbe dichte, breite Blätter aus, die anfangs noch stark gewellt sind. Im weiteren Wachstumsverlauf werden die Blätter länger und sind mehrfach eingeschnitten oder gefiedert. Gleichzeitig wächst der bis zu 60 Zentimeter lange, aufrechte Stengel heran, der mit länglichen sowie gefiederten Blättern besetzt ist. An seinem oberen Ende erblüht eine weiße bis zartrosa Scheindolde.

Die Blüten und Blätter der Schafgarbe haben einen eigenartigen, feinen, würzigen Duft. Ihr Geschmack ist herb würzig und etwas zusammenziehend.

Standort, Blüte- und Erntezeit

Die Schafgarbe ist in ganz Europa und Nordasien verbreitet. Die Pflanze verträgt fast jedes Klima und wächst auf nahezu jedem Boden, nur nicht auf feuchtem oder nassem Erdreich. Zu finden ist sie an Weg-, Feld- und Ackerrändern, an Böschungen, auf Wiesen und Weiden.

Blütezeit ist von Anfang Juni bis Oktober, und gesammelt wird sie von Juni bis September.

Verwendete Pflanzenteile

Schneiden Sie das obere, nicht verholzte Kraut mitsamt den Blüten ab, und trocknen Sie es kopfüber hängend in lockeren Bündeln.

Wirksame Inhaltsstoffe

Die Schafgarbe enthält das ätherische Öl Proazulen – eine Vorstufe des Azulens, welches sich in der Kamille befindet –, Bitter- und Gerbstoffe sowie Flavonoide. Die Wirkstoffe haben krampflösende, gallefördernde, zusammenziehende und appetitanregende Eigenschaften, die zu ihrer insgesamt verdauungsfördernden Wirkung beitragen.

Geschichte und Mythologie

Der botanische Name der Schafgarbe *(Achillea millefolium)* entstammt der griechischen Sagenwelt: Der schwer verwundete Achilles nutzte angeblich die Schafgarbe zur Heilung seiner Wunden. Noch heute wird die Pflanze an manchen Orten Achilles genannt. Auch die Bezeichnungen Soldatenkraut oder Tausendblatt zeugen von der Verwendung der Schafgarbe als Wundkraut für Krieger und Soldaten. Dioskurides nannte sie Tausendblättriges Soldatenkraut.

Im Mittelalter glaubte man, dass der starke Duft der Schafgarbe die Pest fernhalten würde. Deshalb wurde sie in die Fenster und Krankenstuben gehängt. Die anderen volkstümlichen Namen wie Gänsezungen, Katzenschwanz oder Schafrippl beziehen sich hingegen auf das Erscheinungsbild der ausgewachsenen Blätter.

In den nordischen Ländern wurde die Schafgarbe früher als Hopfenersatz zum Bierbrauen verwendet. Daher stammt die Bezeichnung Feldhopfen. Schafgarbe war und ist auch ein traditioneller Bestandteil der Gründonnerstagssuppe, die Kraft und Gesundheit für das ganze Jahr verleihen soll.

Anwendung in der Klostermedizin

Die Schafgarbe gehört zu den ältesten Heilpflanzen überhaupt. In China wurde die Pflanze schon 4000 v. Chr. medizinisch genutzt.

Dioskurides empfahl ihre Anwendung als blutstillendes und wundheilendes Kraut. Auch in der Klostermedizin wurde sie bei inneren und äußeren Verwundungen zur Blutstillung und Heilung eingesetzt. Hildegard von Bingen pries die Schafgarbe als »Gesundmacher«.

In den Kräuterbüchern des Mittelalters wird sie über alles gelobt. Man setzte Schafgarbe vor allem bei Erkrankungen des Verdauungstrakts ein, die mit Appetitlosigkeit, Krämpfen und Entzündungen einhergehen. Aber sie fand auch zur Behandlung von Menstruationsstörungen sowie Nieren- und Blasenleiden Verwendung.

Wissenschaftlich empfohlene Anwendung

Schafgarbe wird in der modernen Pflanzenheilkunde unterstützend bei leichten krampfartigen Magen- und Darmbeschwerden sowie zur Anregung des Gallenflusses eingesetzt.

Zur Behandlung von krampfartigen Schmerzen im kleinen Becken, wie sie oft kurz vor und während der Menstruation auftreten, sind Sitzbäder mit Schafgarbe angezeigt.

Druck- und Völlegefühl im rechten Oberbauch, wie sie bei

Lebererkrankungen vorkommen, werden mit einer Leberpackung aus Schafgarbentee gelindert.

Bei sachgemäßer Anwendung sind Nebenwirkungen nicht zu befürchten. Wechselwirkungen mit anderen Heilmitteln sind bisher nicht bekannt.

Anwendungsformen

Für einen Schafgarbentee übergießen Sie einen Teelöffel Schafgarbenkraut und -blüten mit einer Tasse heißem Wasser. Abgedeckt fünf Minuten ziehen lassen, dann absieben. Trinken Sie drei- bis viermal täglich eine Tasse.

Für ein Sitzbad übergießen Sie 100 Gramm Schafgarbenkraut und -blüten mit 20 Litern heißem Wasser. Abgedeckt fünf Minuten ziehen lassen, dann abfiltern und in eine Sitzwanne umfüllen. Ein Sitzbad sollte nicht länger als 20 Minuten dauern.

Für eine Leberpackung übergießen Sie drei Teelöffel Schafgarbenblätter und -blüten mit zwei Tassen heißem Wasser. Abgedeckt fünf Minuten ziehen lassen, dann absieben. Tränken Sie ein kleines Handtuch mit diesem Aufguss, und legen Sie diesen feuchtwarmen Wickel in der Lebergegend auf. Ruhen Sie 20 bis 30 Minuten.

Warnhinweise

Wenn Sie generell auf Korbblütengewächse – Kamille, Löwenzahn, Mariendistel, Huflattich, Wermut oder Ringelblume – allergisch reagieren, dürfen Sie auch die Schafgarbe nicht anwenden.

Spitzwegerich

Botanischer Name

Plantago lanceolata

Er gehört zur Familie der Wegerichgewächse.

Volkstümliche Namen

Rippenkraut, Siebenrippen, Straßenbraut, Wegtritt

Aussehen, Geruch und Geschmack

Die Blätter befinden sich wie beim Breitwegerich in einer Rosette dicht am Boden, und die zehn bis 40 Zentimeter langen Blütenstiele wachsen aufrecht aus dieser heraus. Aber das sind auch schon alle Gemeinsamkeiten, denn die Blätter des Spitzwegerichs sind schmal und länglich zugespitzt (lanzettenförmig). Sie weisen fünf bis sieben ausgeprägte Blattrippen auf. Die Blätter des Breitwegerichs sind dagegen breit und eiförmig.

Die Blüten des Spitzwegerichs sind in einer kurzen Ähre – die auch kugelig ausgebildet sein kann – angeordnet, braun und zwei bis drei Millimeter breit. Die weißen Staubbeutel der Blüten hängen weit heraus und umgeben den Blütenstand wie einen Schleier. Die Blütenstände des Breitwegerichs bilden eine zehn bis 13 Zentimeter lange, schmale, gelblichgrüne Ähre, aus der die kurzen, bräunlichen Staubbeutel herausstehen.

Die Blüten und Blätter des Spitzwegerichs sind fast geruchlos. Ihr Geschmack erinnert an frisches Gras und ist etwas salzig sowie zusammenziehend.

Standort, Blüte- und Erntezeit

Der Spitzwegerich ist in ganz Europa, Asien und Nordamerika verbreitet. Er wächst auf Wiesen, an Wegrändern und auch auf feuchtem Ödland sowie Schutthalden.

Blütezeit ist von Mai bis September – die Blätter werden vor der Samenreife gesammelt.

Verwendete Pflanzenteile

Schneiden Sie die Blätter des Spitzwegerichs kurz vor der Samenreife ab, und verwenden Sie diese frisch oder getrocknet. Zum Trocknen breiten Sie sie lose nebeneinander auf einem luftigen Gestell aus. Blätter, die sich im Verlauf des Trocknens dunkel verfärben, müssen Sie anschließend aussortieren, denn sie haben ihre Heilkraft verloren.

Wirksame Inhaltsstoffe

Die Spitzwegerichblätter enthalten Schleim- und Gerbstoffe sowie Glykoside. Sie wirken reizlindernd, antibakteriell und leicht zusammenziehend.

Geschichte und Mythologie

In dem deutschen Namen Wegerich ist die Silbe *rich* enthalten, das mittelhochdeutsche Wort für König. Der Wegerich ist also der »König der Wege«.

Die lateinische Bezeichnung *Plantago* bedeutet übersetzt Fußsohle und weist auf das Aussehen der Blätter hin. Auch die volkstümlichen Namen des Spitzwegerichs beziehen sich auf seinen Standort (Straßenbraut, Wegtritt) oder auf das Aussehen seiner Blätter (Rippenkraut, Siebenrippen). Weil Spitzwegerich so häufig an Wegrändern zu finden ist und dadurch auch oft mit den Füßen in Berührung kommt, glaubte man, dass müde oder geschwollene Füße mit den Blättern des Spitzwegerichs zu heilen seien. Dazu wurden die Blätter in den Schuh gelegt und sollten so dem Wanderer zu mehr Ausdauer verhelfen.

Nach der Signaturenlehre des Paracelsus halfen die spitzen Blätter des Spitzwegerichs gegen Seitenstechen, wenn man sie auf die betroffene Stelle legte.

Anwendung in der Klostermedizin

Die Blätter der Wegericharten wurden wahrscheinlich schon in der Steinzeit als Wundheilmittel angewendet, denn die ersten schriftlichen Überlieferungen stammen von assyrischen Heilkundigen. Die Ärzte der Antike übernahmen dieses Wissen und behandelten Brand- und Bisswunden, Kriegsverletzungen sowie Geschwüre mit Umschlägen aus Wegerichblättern.

Dioskurides beschrieb als erster zwei verschiedene Wegericharten (wahrscheinlich Spitzwegerich und Breitwegerich) und berichtete über ihre arzneiliche Wirkung: »Die Blätter haben austrocknende und zusammenziehende Kraft, deshalb eignen sie sich zum Umschlag und bei allen bösen Zufällen.«

Im Laufe der Zeit wurde die Anwendung des Spitzwegerichs gebräuchlich. Paracelsus empfahl seine Blätter zur Behandlung von Geschwüren: »Bei eitrig stinkenden Löchern Eichenlaub und Spitzwegerichblätter zerstoßen und auflegen.« Hildegard von Bingen verordnete Umschläge aus den Blättern und Wurzeln bei Gicht, geschwollenen Drüsen sowie Knochenbrüchen. Auch Albertus Magnus verarztete mit den frischen Blättern Geschwüre und äußerliche Entzündungen der Haut.

Wissenschaftlich empfohlene Anwendung

Heute wird die Heilkraft der Inhaltsstoffe der Spitzwegerichblätter *(Plantaginis lanceolatae herba)* bei Entzündungen der Mund- und Rachenschleimhäute sowie Katarrhen der Atemwege – Erkältung, Husten und Bronchitis – eingesetzt. Sie wirken schwach antibakteriell sowie entzündungshemmend und erleichtern das Abhusten.

Äußerlich angewendet haben sie einen günstigen Einfluss auf das Abheilen von leichten, entzündlichen Erkrankungen der Haut und bei oberflächlichen Verbrennungen, wie z. B. einem Sonnenbrand.

Bei sachgemäßer Anwendung sind Nebenwirkungen nicht zu befürchten. Wechselwirkungen mit anderen Heilmitteln oder Gegenanzeigen sind bisher nicht bekannt.

Anwendungsformen

Zur inneren Anwendung sind ein Teeaufguss, Sirup oder Saft geeignet. Der frische Saft der Blätter empfiehlt sich zur äußeren Anwendung.

Für einen Spitzwegerichtee übergießen Sie zwei Teelöffel zerkleinerte, getrocknete Blätter mit einer Tasse heißem Wasser. Abgedeckt fünf Minuten ziehen lassen, dann absieben. Trinken Sie drei- bis viermal am Tag eine Tasse.

Dieser Teeaufguss ist auch für Mundspülungen und zum Gurgeln geeignet. Spülen oder gurgeln Sie damit mehrmals täglich.

Ein Sirup aus den frischen Blättern ist gut für Kinder mit hartnäckigem Husten geeignet, aber natürlich auch für Erwachsene. Zerkleinern und entsaften Sie frische Spitzwegerichblätter. Kochen Sie den Saft mit der gleichen Menge Honig etwa 20 Minuten lang. Dieser Sirup ist gut verschlossen etwa zwei Monate haltbar. Kinder und Erwachsene nehmen drei- bis viermal täglich ein bis zwei Esslöffel.

Für einen Spitzwegerichsaft zerkleinern und entsaften Sie die frischen Blätter. Nehmen Sie dreimal täglich ein bis zwei Esslöffel ein.

Bei oberflächlichen Verletzungen und Entzündungen der Haut tränken Sie eine sterile Kompresse mit dem Saft und legen sie als Umschlag auf die betroffenen Stellen. Mit einem Tuch abdecken. Achten Sie darauf, dass der Umschlag nicht austrocknet, und nehmen Sie ihn kurz vorher wieder ab. Mehrmals täglich wiederholen.

Tausendgüldenkraut

Botanische Namen
Centaurium erythraea oder
Centaurium minus
Es gehört zur Familie der Enziangewächse.

Volkstümliche Namen
Allerweltsheil, Fieberkraut, Gallkraut, Tausendkraft

Aussehen, Geruch und Geschmack

Aus der unteren Blattrosette des Tausendgüldenkrauts wächst ein aufrechter, bis zu 30 Zentimeter hoher, vierkantiger Stengel heraus, der sich im oberen Drittel verzweigt und nur spärlich mit schmalen, länglichen Blättern besetzt ist. Die endständigen, trichterförmigen Blüten sind rosarot und öffnen sich erst bei über 20 °C Lufttemperatur.

Tausendgüldenkraut riecht schwach würzig. Die gesamte Pflanze schmeckt gallebitter.

Standort, Blüte- und Erntezeit

Tausendgüldenkraut ist in ganz Mittel- und Südeuropa verbreitet, aber selten geworden, weil es fast ausgerottet wurde. Die Pflanze bevorzugt trockene, magere Böden und viel Sonne. Sie gedeiht auf Wiesen, an Waldrändern und Böschungen.

Tausendgüldenkraut blüht von Juni bis August und steht unter Naturschutz, weil es vom Aussterben bedroht ist.

Verwendete Pflanzenteile

Verwendet werden die getrockneten, oberirdischen Teile des blühenden Krauts. Da die Pflanze geschützt ist, dürfen Sie sie nicht sammeln. Sie erhalten Tausendgüldenkraut aber in der Apotheke.

Wirksame Inhaltsstoffe

Das Tausendgüldenkraut enthält hochkonzentrierte Bitterstoffe, die auch noch in einer Verdünnung von 1:3500 zu schmecken sind. Diese Bitterstoffe regen die Magensaftproduktion an. Sie wirken appetitsteigernd sowie verdauungsfördernd.

Geschichte und Mythologie

Centaurium, der botanische Name, stammt aus der griechischen Sagenwelt. Der Centaur Chiron heilte mit dem Tausendgüldenkraut die Wunden des Herkules. Im Laufe der Jahrhunderte wurde die lateinische Bezeichnung zu *centum aurum* (Hundert Gulden) verballhornt. Daraus entstand schließlich der Name Tausendgulden. Wer es in seiner Geldbörse immer bei sich trug, dem gingen die Gulden nie aus, und in den Wäscheschrank gelegt, sorgte es dafür, dass immer Wäsche vorrätig war.

Als fiebersenkendes Mittel wurde es als Ersatz für die teure Chinarinde (Wirkstoff Chinin) verwendet. Der volkstümliche Name Fieberkraut weist noch darauf hin. In der Volksmedizin wurde das Tausendgüldenkraut für alle möglichen Gebrechen verwendet, daher die Bezeichnungen Tausendkraft oder Allerweltsheil. Der Name Gallkraut bezieht sich auf den gallebitteren Geschmack des Krauts. Die Bitterstoffe des Tausendgüldenkrauts wurden auch zum Brauen von Bier genutzt.

Anwendung in der Klostermedizin

Das Tausendgüldenkraut ist seit der Antike eine hoch geschätzte Arzneipflanze. Galen schrieb ein ganzes Buch über seine Heilkraft, und auch Hippokrates und Dioskurides rühmten es. Das Kraut wurde als fiebersenkendes Mittel, zur Wundheilung, Förderung der Verdauung und gegen Koliken, als Abführmittel, gegen Würmer sowie bei Augenleiden gebraucht.

Die Heilkundigen der Klöster übernahmen dieses Wissen der Antike und ergänzten es durch ihre eigenen Erfahrungen mit der Pflanze. Hildegard von Bingen verwendete Abkochungen aus Tausendgüldenkraut innerlich und äußerlich gegen Gicht und Rheuma. Der mittelalterliche Kräuterbuchautor Bock schrieb über das Tausendgüldenkraut: »Es ist köstlich im Leib und auch eusserlich zu brauchen.«

Wissenschaftlich empfohlene Anwendung

In der modernen Pflanzenheilkunde wird das Tausendgüldenkraut *(Centaurii herba)* zur Appetitsteigerung sowie zur Anregung der Magensaftproduktion und Darmperistaltik (Bewegungen des Darms) eingesetzt.

Bei sachgemäßer Anwendung sind Nebenwirkungen nicht zu befürchten. Wechselwirkungen mit anderen Heilmitteln sind bisher nicht bekannt.

Anwendungsformen

Für einen Tee aus Tausendgüldenkraut überbrühen Sie ein bis zwei Teelöffel Kraut mit einer Tasse kochendem Wasser. Abgedeckt zehn bis 15 Minuten ziehen lassen, dann absieben und abkühlen lassen. Trinken Sie dreimal täglich eine halbe Stunde vor den Mahlzeiten eine Tasse Tee aus Tausendgüldenkraut.

Thymian, Echter Thymian

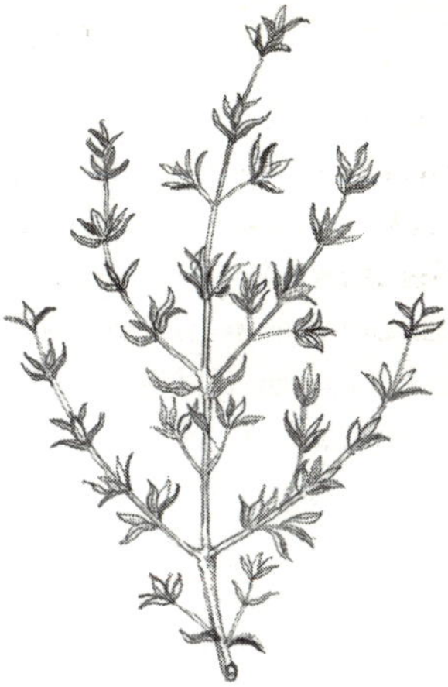

Botanischer Name
Thymus vulgaris
Er gehört zur Familie der Lippenblütengewächse.

Volkstümliche Namen
Echter Thymian, Gartenthymian, Römischer Quendel, Spanischer Thymian

Aussehen, Geruch und Geschmack

Der Echte Thymian ist ein aromatisch duftender, reich verzweigter Halbstrauch, der zehn bis 30 Zentimeter hoch wird. Seine Zweige sind dicht mit den länglich graugrünen, am Rand eingerollten Blättchen besetzt, die auf ihrer Unterseite eine filzige weiße Behaarung aufweisen. Die kleinen, hellvioletten Blüten wachsen in dichten Quirlen aus den Blattachsen heraus. Der Geschmack des Thymians ist würzig aromatisch – er ist ein beliebtes Küchengewürz für alle Mittelmeergerichte.

Der Feldthymian oder Quendel *(Thymus pulegioides)* besitzt zwar auch die Heilkräfte des Echten Thymians, aber in weitaus geringerer Konzentration. Deshalb wird er für medizinische Zwecke nicht verwendet. Vom Echten Thymian ist er schon durch seinen Wuchs schnell zu unterscheiden. Seine Stengel wachsen kriechend oder leicht aufsteigend am Boden und werden bis zu 20 Zentimeter hoch. Sie verholzen nicht und sind leicht rötlich violett gefärbt. Die kleinen, eiförmigen

Blätter sind dunkelgrün. In den Blattachsen der oberen Blätter sitzen die blasslila bis purpurroten Blüten in kugeligen Quirlen.

Standort, Blüte- und Erntezeit

Der Thymian stammt aus dem Mittelmeerraum, wo er auch heute noch weit verbreitet ist und die Macchia besiedelt. Bei uns kommt er wildwachsend nicht mehr vor, sondern wird feldmäßig angebaut. Er braucht einen sonnigen und trockenen Standort.

Blütezeit ist von Mai bis September – zur gleichen Zeit wird er auch geerntet.

Verwendete Pflanzenteile

Für die medizinische Anwendung werden die oberen, blühenden Triebe genutzt. Nach dem Trocknen werden die Blättchen und Blüten abgerebbelt. Es ist sehr zu empfehlen, Thymiankraut aus der Apotheke zu beziehen, da der im Garten oder auf der Fensterbank gezogene Thymian erheblich weniger Heilkraft besitzt.

Wirksame Inhaltsstoffe

Thymian enthält ätherische Öle und Phenole, die zusammen als Thymol bezeichnet werden. Thymol wirkt schleimlösend, krampflösend und antibakteriell.

Geschichte und Mythologie

Der Name Thymian stammt entweder von dem griechischen Wort *tyein*, was räuchern bedeutet, denn Thymian wurde häufig als Räuchermittel verwendet, das Geist und Gemüt anregen sollte; oder er ist von dem ägyptischen Wort *tham* abgeleitet. *Tham* war eine Thymianart, die die alten Ägypter zur Mumifizierung benutzten. Griechen und Römer der Antike sprachen dem Thymian potenzfördernde Kräfte zu und brachten ihn der Göttin Aphrodite als Opfergabe.

Im Volksglauben des Mittelalters galt Thymian als Symbol für Mut und Tapferkeit: Die Soldaten trugen beispielsweise ein Thymiansträußchen bei sich, wenn sie in den Krieg zogen.

Anwendung in der Klostermedizin

Thymian ist eine altbekannte Heilpflanze. Bei Hippokrates und Dioskurides stand sie in hohem Ansehen.

Thymian wurde durch die Benediktinermönche auch in unseren Breiten heimisch. In »Capitulare de Villis« befahl Karl der Große den Anbau des Thymians. Die Klostermedizin gebrauchte ihn als menstruationsförderndes Mittel, zur Behandlung von Verschleimungen der Atemwege und Husten sowie gegen schlechten Mundgeruch. Hildegard von Bingen rühmte den Thymian zur Behandlung von Keuchhusten, Atemnot und Asthma. Auch Albertus Magnus empfahl ihn für diese Erkrankungen.

Wissenschaftlich empfohlene Anwendung

Ein Aufguss aus Thymianblättern *(Thymi herba)* ist sehr gut geeignet zur Behandlung von Katarrhen der Atemwege, insbesondere solchen, die mit starkem Hustenreiz oder krampfartigem Husten einhergehen. Er ist auch ein wichtiges krampflösendes Mittel bei Keuchhusten.

Bei sachgemäßer Anwendung sind Nebenwirkungen nicht zu befürchten. Wechselwirkungen mit anderen Heilmitteln oder Gegenanzeigen sind bisher nicht bekannt.

Anwendungsformen

Für einen Thymiantee übergießen Sie zwei Teelöffel getrocknetes Thymiankraut mit einer Tasse heißem Wasser. Abgedeckt fünf Minuten ziehen lassen, dann absieben. Trinken Sie täglich vier bis sechs Tassen. Im akuten Stadium einer Bronchitis oder eines Keuchhustens können Sie die Tagesdosis auf sechs bis acht Tassen Thymiantee erhöhen, so lange bis die akuten Symptome abklingen.

Die wohltuende, entkrampfende und schleimlösende Wirkung des Thymians wird durch ein Thymianbad noch unterstützt: Übergießen Sie dazu 100 Gramm getrocknetes Thymiankraut mit einem Liter heißem Wasser, und lassen Sie es dann abgedeckt fünf Minuten ziehen. Schließlich absieben und dem Badewasser zugeben.

Eine Kombination mit anderen Heilkräutern, die gegen Katarrhe der Luftwege wirken, ist sinnvoll und fördert den Heilungsprozess. Geeignet sind Huflattich, Spitzwegerich und Bibernelle.

Wermut

Botanischer Name
Artemisia absinthium
Er gehört zur Familie der Korbblütengewächse.

Volkstümliche Namen
Absinthkraut, Bitterer Beifuß, Magenkraut, Mottenstock, Würmlekraut

Aussehen, Geruch und Geschmack

Die Wermutpflanze wächst aufrecht, ist reich verästelt und wird 50 Zentimeter bis zu einem oder sogar eineinhalb Meter hoch. Ihre seidigen, silbergrauen, filzig behaarten Blätter sind in Bodennähe stark gefiedert und recht groß. Zum Stengelende hin werden sie kleiner und sind nicht mehr gefiedert. Die blassgelben, kleinen, halbkugeligen Blüten umgeben graue behaarte Hüllblätter: Sie sitzen entlang der verzweigten Stengel.

Wermut hat einen starken, würzigen Geruch. Er schmeckt sehr bitter, noch bitterer als das Tausendgüldenkraut, ist aber gleichzeitig auch würzig und herb im Geschmack.

Standort, Blüte- und Erntezeit

Wermut war ursprünglich in Südeuropa, Nordafrika und Asien verbreitet. In Europa kommt er wildwachsend nur noch gelegentlich in den warmen Trockengebieten vor. Er braucht einen lockeren, sandigen und kalkhaltigen Boden. Die Pflanze bevorzugt einen sonnigen, warmen Standort und gedeiht am besten auf Ödland, an Mauern und Felsabhängen sowie den Ufern des Mittelmeers. Bei uns wird er in der Regel feldmäßig angebaut.

Blüte- und Erntezeit ist von Juli bis September.

Verwendete Pflanzenteile

Gesammelt werden die oberen Sprossteile und Blätter sowie die basalen (grundständigen) Blätter des Wermuts. Zum Trocknen breiten Sie die Blätter auf einem luftigen Gestell aus. Die oberen Triebe hängen Sie in lockeren Bündeln kopfüber auf.

Wirksame Inhaltsstoffe

Die Wermutblätter und -triebe enthalten Bitterstoffe und ätherische Öle, darunter das Thujon, wie es auch im Salbei vorkommt. Sie regen die Magensaftproduktion an und fördern die Verdauung.

Geschichte und Mythologie

In der Antike war Wermut der römischen Göttin Artemis geweiht. Daher rührt auch sein botanischer Name *Artemisia*. Für eine erfolgreiche Jagd nahmen die Jäger einen Wermutzweig mit. Im alten Ägypten war Wermut Isis, der Göttin der Heilkunst, geweiht.

Wermut wird auch Mottenstock genannt, was sicherlich auf

sein zerzaustes Aussehen zurückzuführen ist. Die anderen volkstümlichen Namen beziehen sich auf seine frühere Anwendung als Mittel gegen Würmer (Würmelikraut) oder auf seine Wirkung als magenstärkendes Kraut (Magenkraut). Die Bezeichnung Bitterer Beifuß deutet auf seinen bitteren Geschmack hin. Seine Verwendung in Spirituosen wie dem Absinth kommt in dem Namen Absinthkraut zum Ausdruck.

Anwendung in der Klostermedizin

Wermut war und ist seit seiner Entdeckung vor mehreren tausend Jahren eine appetitsteigernde, den Magen stärkende und gegen Würmer verwendete Arzneipflanze. Diese Anwendungsbereiche wurden im frühen Mittelalter von den Mönchen der Klöster übernommen. Walahfrid Strabo beschrieb erstmals im neunten Jahrhundert n. Chr. die Wermutpflanze.

Im Hochmittelalter war Wermut dann schon zu einem universalen Arzneimittel geworden. Hildegard von Bingen behandelte mit dem *wermuda* Gicht, Rheuma, Erkältungen, Husten, Erkrankungen der Verdauungsorgane und der Nieren. Sie verordnete ihn auch gegen Zahnfäule und Zahnschmerzen.

Wissenschaftlich empfohlene Anwendung

Heute weiß man, dass Wermutkraut *(Absinthii herba)* die Produktion von Magensäften steigert und indirekt auch die vermehrte Sekretion von Gallenflüssigkeit anregt. Dadurch wirkt Wermut verdauungsfördernd und appetitanregend.

Auch dyspeptische Beschwerden wie Völlegefühl und/oder Blähungen werden durch das Wermutkraut günstig beeinflusst.

Bei sachgemäßer Anwendung sind Nebenwirkungen nicht zu befürchten. Wechselwirkungen mit anderen Heilmitteln sind bisher nicht bekannt.

Anwendungsformen

Am bekanntesten sind die Wermutweine und -schnäpse, die bei Bedarf vor oder nach dem Essen die Verdauung anregen und erleichtern. Beide können Sie ganz einfach auch selbst herstellen.

Für Wermutwein geben Sie auf einen Liter Rotwein und einen halben Liter Maraschino 30 Gramm getrocknetes Wermutkraut und lassen diese Mischung sechs bis acht Wochen ziehen, dann absieben. Zwischendurch ab und zu mal sanft schütteln.

Einen Wermutschnaps stellen Sie aus 20 bis 25 Gramm Wermutkraut her, das Sie mit einem Liter Wodka oder Korn ansetzen und ebenfalls sechs bis acht Wochen ziehen lassen, dann absieben. Zwischendurch ab und zu mal sanft schütteln.

Für einen Wermuttee übergießen Sie einen Teelöffel Wermutkraut mit einer Tasse heißem Wasser. Abgedeckt fünf Minuten lang ziehen lassen, dann absieben. Trinken Sie zweimal täglich eine Tasse eine halbe Stunde vor dem Mittag- und Abendessen. Wermuttee sollte lauwarm getrunken werden, dann schmeckt er nicht so übel.

Um den Geschmack des Wermuttees zu verbessern, lohnt sich ein Versuch mit Kamille, Fenchel, Anis oder Pfefferminze. Geben Sie jeweils einen Teelöffel eines dieser Heilkräuter auf einen Teelöffel Wermut. Wie bei allen Bitterstoffdrogen ist der bittere Geschmack auch durch starkes Süßen nicht zu überdecken.

Warnhinweise

In den ätherischen Ölen des Wermuts war früher das giftige Thujon, ein starkes Nervengift, enthalten. Der damals gebräuchliche Absinth enthielt noch große Mengen Thujon, das bei Dauergebrauch und Missbrauch zu schweren Vergiftungen führt, die mit Lähmungen und Delirien einhergehen.

Das heute angebaute Wermutkraut ist praktisch frei von Thujon, sodass keine Vergiftungen zu befürchten sind. Trotzdem sollten Sie zur Sicherheit den regelmäßigen Gebrauch von Wermut auf zwei bis drei Wochen pro Halbjahr beschränken.

Zwiebel

Botanischer Name

Allium cepa

Sie gehört zur Familie der Liliengewächse.

Volkstümliche Namen

Bollen, Zipolle, Zwieweln

Aussehen, Geruch und Geschmack

Die Zwiebel ist als Küchengewürz so weit verbreitet, dass sie wahrscheinlich jeder kennt. Die in der Küche verwendete Zwiebelknolle ist das unterirdische, knollig verdickte Stengelstück der Zwiebelpflanze. Aus der Mitte der Zwiebelknolle wächst oberirdisch ein hohler, blaugrüner Stiel, den zur Blütezeit eine kugelige, grünlichweiße Scheindolde krönt. Die blaugrünen, länglichen Blätter sind ebenfalls hohl. Es gibt weiße, gelbe, rote, große und kleine, platte sowie kugelige Zwiebeln. Bei allen Arten und Formen sind die Heilkräfte jedoch gleich.

Geschälte Zwiebeln verströmen einen scharfen, zu Tränen reizenden Geruch. Sie schmecken süßlich scharf und aromatisch. Gekocht verlieren sie ihre Schärfe.

Standort, Blüte- und Erntezeit

Die Zwiebel stammt wahrscheinlich aus Indien. Heute wird sie weltweit auf kalkhaltigen Böden kultiviert.

Sie blüht von Juni bis August und wird von Ende August bis Oktober geerntet.

Verwendete Pflanzenteile

Die Zwiebelknollen werden geerntet, wenn die Blätter der Zwiebelpflanze verwelken und langsam absterben. Zwiebeln sind kühl und trocken aufbewahrt lange lagerfähig. Sie werden frisch verwendet.

Wirksame Inhaltsstoffe

Zwiebeln enthalten schwefelhaltige Verbindungen, darunter das Alliin, ätherische Öle und Flavonoide. Sie beeinflussen den Fettstoffwechsel, indem sie die Blutfette leicht senken und das Zusammenklumpen der Blutplättchen hemmen (Vorbeugung von Thrombosen). Außerdem wirken sie schwach antibakteriell.

Geschichte und Mythologie

Die Zwiebel ist seit der Antike bekannt. Zur Zeit der ägyptischen Pharaonen stand die Zwiebel in so hohem Ansehen, dass ein Schwur, der in Gegenwart einer Zwiebel geleistet wurde, die höchste Eidesform war.

Die Römer brachten sie nach Südeuropa und nannten sie *cepa*, was in der botanischen Bezeichnung *Allium cepa* erhalten blieb. Im Italienischen heißt die Zwiebel *cipolla* und in manchen Dialekten wird sie auch hierzulande Zipolle genannt.

Anwendung in der Klostermedizin

Die Heilkraft der Zwiebel zieht sich wie ein roter Faden durch sämtliche überlieferten Werke des medizinischen Wissens der Antike.
Erst im frühen Mittelalter verbreitete sich die Zwiebel auch in Mitteleuropa – wahrscheinlich wurde sie durch die Mönche der Klöster eingebürgert. Karl der Große ordnete ihren Anbau an, und in der Klostermedizin war sie ein beliebtes Heilmittel zur Förderung des Appetits und der Verdauung. Mit Zubereitungen aus Zwiebeln wurden Erkältungen, Geschwüre, Würmer und Blähsucht behandelt.

Wissenschaftlich empfohlene Anwendung

Die Inhaltsstoffe der Zwiebel sind denen des Knoblauchs ähnlich, aber schwächer in ihrer Wirkung. Sie steigern den Appetit und beugen möglicherweise altersbedingten Gefäßerkrankungen vor.

Bei sachgemäßer Anwendung sind Nebenwirkungen nicht zu befürchten. Wechselwirkungen oder Gegenanzeigen sind bisher nicht bekannt.

Anwendungsformen

Zwiebeln werden frisch verwendet. Wahrscheinlich gehören sie sowieso schon zu Ihrem täglichen Speiseplan. Die mittlere Tagesdosis sind 50 Gramm frische Zwiebeln, was ungefähr der Menge von zwei Zwiebeln entspricht.

Zwiebeln helfen gegen Insektenstiche und oberflächliche Schürfwunden. Legen Sie eine halbierte Zwiebel mit der Schnittfläche auf die betroffene Stelle. Der austretende Saft wirkt desinfizierend und schmerzstillend.

Warnhinweise

Zwiebeln enthalten auch den die Nieren schädigenden Stoff Diphenylamin, deshalb darf die maximale Tagesmenge von 100 Gramm Zwiebeln nicht überschritten werden.

Vom Umgang mit Heilkräutern

Heilkräuter selbst anpflanzen

Auch bei Ihnen zu Hause können Sie viele der Heilkräuter, die in den mittelalterlichen Klostergärten kultiviert wurden, anpflanzen. Ideal ist es natürlich, wenn Sie einen Garten besitzen. Ebenso ist es aber möglich auf der Terrasse, dem Balkon und selbst auf der Fensterbank Heilkräuter anzubauen. Entscheidend für Ihren Erfolg sind der richtige Standort und die geeignete Bodenmischung.

Der Standort

Diese Heilpflanzen brauchen viel Sonne und auch einen windgeschützen Platz: Anis, Basilikum, Dill, Fenchel, Echte Kamille, Lavendel, Leinkraut, Löwenzahn, Mariendistel, Ringelblume, Rosmarin, Salbei, Schafgarbe, Thymian, Wermut.

Diese Heilpflanzen gedeihen an sonnigen bis halbschattigen Plätzen: Beinwell, Bibernelle, Frauenmantel, Holunder, Johanniskraut, Liebstöckel, Melisse, Minze, Spitzwegerich, Tausendgüldenkraut.

Baldrian, Brennnessel und Hopfen nehmen mit allen Standorten vorlieb. Ob Sonne, Halbschatten oder Schatten – sie sind sehr genügsam.

Heilpflanzen im Garten

Wenn Sie stolzer Besitzer eines Gartens sind, haben Sie natürlich eine breite Palette von Möglichkeiten. Wie wäre es mit einer bunten Wiese, in der Johanniskraut, Spitzwegerich, Tausendgüldenkraut, Schafgarbe, Baldrian und Echte Kamille blühen?

Oder Sie legen sich einen Duftgarten an, in dem Lavendel, Salbei, Ringelblume, Thymian, Schafgarbe, Rosmarin oder Minze ihren Wohlgeruch verströmen.

An einem Teich hätten Beinwell, Minze und Baldrian ihren Platz.

Und einen Steingarten würden Frauenmantel, Tausendgüldenkraut, Thymian, Lavendel sowie Wermut bereichern.

Birken und Lindenbäume brauchen Sonne. In ihrem Schatten könnten die dementsprechend geeigneten Heilpflanzen wachsen.

Hecken wären für Holunder, Hopfen und Schafgarbe ein schöner Standort.

Viele Heilpflanzen sind ja auch beliebte Küchenkräuter, legen Sie doch an einer geeigneten Stelle einen Kräutergarten an; oder einen Gemüsegarten: Hier passen Fenchel, Zwiebeln und Knoblauch gut zusammen.

Heilpflanzen auf Terrasse und Balkon

Wenn eine Terrasse oder ein Balkon zu Ihrer Wohnung gehört, haben Sie vielfältige Möglichkeiten, Ihre Arzneipflanzen selbst zu kultivieren. Die meisten wachsen auch in Kübeln, Trögen, Blumentöpfen oder anderen geeigneten Behältnissen.

Spitzwegerich, Baldrian sowie Beinwell sind allerdings Tiefwurzler und daher für Balkon und Terrasse nicht geeignet. Bei der Zusammenstellung und Anordnung der Heilpflanzen sind Ihrer Phantasie keine Grenzen gesetzt, wenn Sie die individuellen Standortbedingungen berücksichtigen.

Wie in einem Garten können Sie sich auch auf der Terrasse oder dem Balkon ein Duftbeet, ein Kräutergärtlein oder einen Steingarten anlegen und an den Mauern oder Fassaden Hopfen ranken lassen.

Heilpflanzen in der Wohnung

In einer Wohnung herrschen schon etwas andere Bedingungen als im Freien. Es fehlen Wind und Wetter, und es gibt keine wesentlichen Temperaturunterschiede zwischen Tag und Nacht, Sommer und Winter. Den Pflanzen fehlt dieser Wechsel zwischen Kälte und Wärme. Im Prinzip ist es jedoch möglich, fast alle Heilpflanzen auch im Zimmer zu kultivieren. Probieren Sie es einfach aus!

Auf einer sonnigen Fensterbank gedeihen Basilikum, Dill, Salbei, Rosmarin, Lavendel und Wermut. Die Pflanzen lassen sich aus Samen ziehen, oder aber Sie kaufen diese als Jungpflanzen in einer guten Gärtnerei.

Sammeln, Ernten und Verwerten der Pflanzen

Schutzmaßnahmen für Heilpflanzen

Alle Pflanzen sind Lebewesen, achten Sie diese deshalb als solche, und gehen Sie entsprechend behutsam und sorgfältig beim Sammeln und Ernten vor. Bedenken Sie, dass jeder Sammelakt ein Eingriff in das Leben dieser Pflanze ist. Wenn Sie in der freien Natur sammeln, beherzigen Sie bitte die folgenden Regeln zum Schutz der Pflanzen:

- Betreten Sie keine Waldkulturen, die oft schon durch eine Einzäunung signalisieren, dass hier ein Schutzraum, eine »Kinderstube des Waldes« ist.

- In Naturschutzgebieten und anderen ausgewiesenen Schutzzonen – Vogelschutzgebiete, bestimmte Pflanzenschutzgebiete – dürfen Sie ebenfalls nicht sammeln. Manche Gebiete dürfen Sie erst gar nicht betreten. Bitte respektieren Sie solche Vorschriften.
- Möchten Sie die Blätter einer Heilpflanze ernten, dann nehmen Sie die Blätter von mehreren und nicht nur von einer. Die Pflanze würde verhungern, wenn Sie ihr alle Blätter abstreifen, weil sie dann ihre Ernährungsorgane verliert.
- Gleiches gilt, wenn Sie ihre Wurzeln oder Wurzelstöcke brauchen: Graben Sie nie die ganze Wurzel aus, sondern nehmen Sie von mehreren Pflanzen immer nur ein Stückchen. Das Abhacken der Wurzeln oder der Wurzelstöcke trifft die Pflanze empfindlich – lassen Sie sie leben!
- Wenn Sie auf Bäume klettern müssen, um Lindenblüten, Birkenblätter oder Holunderbeeren zu pflücken, dann beschädigen Sie sie bitte nicht. Brechen Sie keine Äste oder Zweige ab. Gleiches gilt natürlich auch für Hecken und Sträucher.
- Ernten Sie nie mehr als die Hälfte des Bestands, damit sich die verbleibenden Pflanzen wieder vermehren können.
- Reißen Sie die Pflanze keinesfalls mit ihren Wurzeln aus. Sie wollen sie ja auch im nächsten Jahr wieder ernten.
- Wenn Sie eine Arzneipflanze finden, die nur vereinzelt an ihrem Standort wächst, lassen Sie diese stehen. Sie werden sie auch noch woanders finden, wo sie dann in größerer Zahl vorkommt.
- Pflücken Sie keine Pflanzen, die unter Naturschutz stehen.

Bisher ging es um den Schutz der Pflanze. Um die Heilkräfte der jeweiligen Arzneipflanze bestmöglich zur Entfaltung zu bringen, berücksichtigen Sie die folgenden Hinweise.

Das Sammeln

- Zunächst brauchen Sie einen Behälter, in dem Sie Ihr Erntegut transportieren. Am besten eignet sich ein flacher, geräumiger Korb oder auch eine große Papiertüte. Plastiktüten sind untauglich, denn die Pflanzen können darin nicht atmen.
- Dann benötigen Sie eine Schere, ein scharfes Messer und eine kleine, spitze Schaufel, um Wurzeln auszugraben, sowie Handschuhe zum Schutz vor Verletzungen.
- Wenn Sie nicht aus dem eigenen Bestand – Garten, Terrasse, Balkon, Fensterbank – ernten, suchen Sie Stellen auf, von denen Sie wissen, daß sie nicht mit Schadstoffen belastet sind. Sammeln Sie also nicht in der Nähe von landwirtschaftlich genutzten Flächen wie Getreidefeldern oder Obstkulturen. Und sammeln Sie nicht an Straßenrändern oder Bahnlinien, den Ufern schmutziger Gewässer oder bei Industriegebieten.
- Sammeln Sie nie mehr, als Sie für Ihren jährlichen Bedarf brauchen.
- Sammeln Sie nur soviel, wie Sie auf einmal trocknen können oder frisch verbrauchen wollen.
- Sammeln Sie nur saubere, gesunde und kräftige Pflanzen. Nehmen Sie keine welken, kränklich aussehende oder von Schimmel oder Schädlingen befallene Gewächse.
- Beim Pflücken dürfen die Pflanzenteile nicht beschädigt werden, weil sonst ihre Wirkstoffe verlorengehen könnten.
- Vermeiden Sie Beimengungen von Erde, Steinchen, Gras, Moos oder ähnlichem, denn auch beim Säubern zu Hause kann es passieren, dass Sie die Pflanze verletzen.
- Sammeln Sie sortenrein, das heißt jedes Kraut für sich und von den anderen getrennt.

Wann ist die beste Zeit zum Sammeln?

Der Erntezeitpunkt hängt wesentlich von den Standortbedingungen und den Wetterverhältnissen ab. In einem nassen sowie sonnenarmen Frühjahr wird die Erntezeit später liegen und nach einem warmen sowie sonnigen Frühjahr entsprechend früher sein.

Jede Heilpflanze hat zu einer bestimmten Jahreszeit und oft sogar zu einer Tageszeit ihren höchsten Gehalt an Wirkstoffen. Arzneipflanzen, die Schleimstoffe enthalten, sind nachmittags am gehaltvollsten. Wurzeldrogen dagegen morgens, weil die Wirkstoffe über Nacht aus den krautigen Teilen in die Wurzeln wandern.

- Sammeln Sie bei trockenem und sonnigem Wetter, allerdings nicht nach einem Gewitter: Die feucht gewordenen Pflanzenteile werden beim Trocknen schimmeln.
- Blüten und Blätter schneiden Sie am besten an einem warmen, trockenen Vormittag, wenn der Tau schon verdunstet ist und die Sonne noch nicht vom Himmel brennt.
- Samen ernten Sie kurz vor der vollen Reife – Früchte und Beeren ebenfalls. Sie reifen während des Trocknens noch etwas nach. Vollreife Beeren können außerdem von Maden oder anderen Schädlingen befallen sein.
- Wurzeln und Wurzelstöcke graben Sie im Frühjahr aus, wenn die Pflanze zu neuem Leben erwacht, oder im Herbst, kurz bevor ihre Wirkstoffe absterben.
- Alle Arznei- und Gewürzpflanzen, die ätherische Öle enthalten, haben kurz vor dem Aufblühen ihren höchsten Wirkstoffgehalt.

Das Trocknen

Nachdem Sie Ihre Heilpflanzen fachkundig geerntet haben, müssen sie getrocknet werden, sofern Sie diese nicht frisch verwenden wollen. Vom sachgemäßen Trocknen hängt in hohem Maße die Brauchbarkeit und Qualität Ihrer Heilmittel ab. Der Vorgang des Trocknens soll die Wirkstoffe der Pflanze erhalten, aber ihr Volumen verringern und die Voraussetzung für ihre Aufbewahrung schaffen.

- Begutachten Sie vor dem Trocknen noch einmal gründlich Ihre Ernte, und sortieren Sie verwelktes, geknicktes oder beschädigtes Sammelgut aus.
- Entfernen Sie alles, was nicht zu Ihrer Heilpflanze gehört, wie Gräser, Unkraut, restliche Erde, aber lassen Sie sie nicht mit Wasser in Berührung kommen. Beim Trocknen würde sie schimmeln.
- Wurzeln und Wurzelstöcke reinigen Sie gründlich mit einer Bürste unter fließendem Wasser.
- Der Trockenraum muss luftig, trocken, warm und schattig sein. Die Küche oder das Badezimmer sind daher ungeeignet. Beim Kochen steigen feuchte und fettige Dünste auf, und im Bad ist die Luftfeuchtigkeit zu hoch. Der Heizungskeller ist hingegen zu trocken. Wollen Sie andere Kellerräume nutzen, so müssen diese gut belüftet und durchwärmt sein. Gut geeignet sind eine zugfreie Diele, ein beheiztes Gästezimmer oder auch ein nikotinfreies Arbeitszimmer.
- Ganze Pflanzen bündeln Sie und hängen sie kopfüber auf. Zwischen den einzelnen Sträußen muss mindestens eine Handspanne Platz bleiben. Die Blütenstände packen Sie in Papiertüten oder in Stoffsäckchen aus dünner Baumwolle (Nessel), dann fallen die getrockneten Blüten oder Samen direkt hinein.

- Kräuter und Blätter werden liegend getrocknet. Breiten Sie sie in einfacher Lage lose nebeneinander aus. Dafür brauchen Sie ein Gestell, das Sie sich preiswert selbst basteln können. Nageln Sie vier Bretter von fünf bis acht Zentimeter Höhe zu einem viereckigen Rahmen zusammen, und bespannen Sie ihn mit Baumwollnessel. Verzinkter, engmaschiger Draht, Packpapier oder Rauhfasertapete sind auch gut geeignet. Wenn Sie zwischen die einzelnen Rahmen Klötzchen als Abstandhalter legen, lassen sich die Gestelle platzsparend stapeln.
- Trocknen Sie Ihre Ernte langsam, denn zu schnelles Trocknen führt dazu, daß die äußeren Schichten rasch verdorren und die Feuchtigkeit aus dem Inneren nicht mehr verdunstet. Nach ein paar Wochen beginnt Ihr Sammelgut dann zu modern und schimmeln.
- Lassen Sie die Pflanzen beim Trocknen in Ruhe, wenden Sie sie nicht hin und her.
- Ihre Heilpflanzen sind schön durchgetrocknet, wenn sie zwischen den Fingern zerbröseln und ihre Stengel oder Wurzeln ganz leicht und mit einem hellen, knackenden Geräusch brechen.

Die Aufbewahrung

Wenn das Trocknen vollständig abgeschlossen ist, müssen Ihre Vorräte nach Sorten getrennt aufbewahrt werden.

- Verwenden Sie dicht schließende, einwandfreie Blechdosen oder dunkle, saubere Gläser mit Schraubdeckel oder Twist-off-Verschluss.
- Beschriften Sie jedes Behältnis mit dem Namen der Pflanze, dem Datum der Ernte und dem Sammelort. Dann wissen Sie auch im nächsten Jahr, wo eine ergiebige Fundstelle war.

- Bewahren Sie Ihre Behältnisse trocken, dunkel und bei Temperaturen zwischen 20 und 25 °C auf.
- Alle Heilpflanzen werden erst kurz vor der Zubereitung zerkleinert und gebrauchsfertig gemacht.
- Bewahren Sie sie nicht länger als ein Jahr auf, weil ihr Wirkstoffgehalt dann rapide abnimmt. Eine Ausnahme ist der Hopfen, dessen Wirkstoffgehalt erst nach zwei Jahren am höchsten ist.

Rezepte

Kräutertees

Wahrscheinlich werden Sie Ihre Heilkräuter überwiegend zur Teezubereitung verwenden. Dazu folgende Tipps:

- Verwenden Sie eine Hauptpflanze, die zur Linderung Ihrer Beschwerden geeignet ist.
- Um die Wirkung zu erhöhen, ist es möglich, noch eine, höchstens aber zwei gleichartig wirkende Heilkräuter hinzuzufügen.
- Beachten Sie die Zubereitungshinweise in den einzelnen Pflanzenportraits.
- Süßen Sie gegebenenfalls mit Honig oder Zucker, wobei der Bittergeschmack mancher Heilpflanzen nicht übertönt werden kann.
- Beachten Sie, dass jede Teezubereitung aus Heilpflanzen ein medizinischer Tee ist. Halten Sie sich deshalb genau an die Vorschriften zur Anwendung und Dauer der Teekur.
- Trinken Sie den Tee langsam und schluckweise und – wenn nicht anders angegeben – so heiß wie möglich. Nehmen Sie sich dafür viel Zeit, und stellen Sie sich vor, wie dieser Tee Ihrem Körper hilft, seine Beschwerden zu überwinden.
- Die erste Tasse trinken Sie morgens auf nüchternen Magen. Die übrigen Portionen über den Tag verteilt, aber immer

zwischen den Mahlzeiten. So haben Sie die Gewähr, dass die wirksamen Inhaltsstoffe vollständig aufgenommen werden. Die letzte Tasse Tee trinken Sie, bevor Sie zu Bett gehen.

Kräuterbäder

Viele Heilpflanzen sind auch für eine Badetherapie geeignet, vor allem diejenigen mit einem hohen Gehalt an ätherischen Ölen. Es ist erwiesen, dass die Wirkstoffe über Haut und Atmung resorbiert werden. Der Duft der ätherischen Öle reizt die Geruchsnerven der Nase. Dieser Reiz wird an die steuernden Zentren im Mittelhirn weitergeleitet und beeinflusst von dort aus das Stoffwechselgeschehen im ganzen Körper.
Je nach Wirkstoff der verwendeten Pflanze wirken die ätherischen Öle beruhigend, anregend, krampflösend oder entzündungshemmend. Darüber hinaus entfalten sie nicht nur eine spezifische, sondern auch eine allgemeine Heilwirkung. Ein Kräuterbad sollte eine Temperatur von etwa 38 °C haben und nicht länger als 20 Minuten dauern.

Baldrianbad

Ein Baldrianbad wirkt beruhigend bei nervöser Unruhe und fördert das Einschlafen. Deshalb sollten Sie es abends, bevor Sie zu Bett gehen, anwenden.

Zerkleinern Sie 100 Gramm (g) getrocknete Baldrianwurzeln, und kochen Sie sie in 1 Liter (l) Wasser 30 Minuten aus. Dann abfiltern und dem Badewasser zugeben.

Melissenbad

Ein Melissenbad wirkt ebenfalls beruhigend und entspannend. Es ist besonders bei nervösen Herzbeschwerden angezeigt, aber auch bei allgemeiner Unruhe und Einschlafstörungen. Nehmen Sie es abends, bevor Sie schlafen gehen.

Übergießen sie 100 g getrocknete Melissenblätter mit 1 l heißem Wasser und lassen Sie sie zugedeckt 5 Minuten ziehen. Dann abseihen und dem Badewasser zugeben.

Rosmarinbad

Ein Rosmarinbad wirkt anregend auf den Kreislauf und das Nervensystem. Am besten nehmen Sie es morgens. Es eignet sich gut zur unterstützenden Behandlung eines zu niedrigen Blutdrucks oder bei vegetativer Erschöpfung. Die Durchblutung der Haut wird gefördert. Rheumatische Schmerzen, Prellungen, Quetschungen, Durchblutungsstörungen und Krampfadern sind mit Rosmarinbädern zu lindern.

Überbrühen Sie 50 g gehackte Rosmarinblätter mit $\frac{1}{2}$ l Wasser, und lassen Sie den Aufguss 5 Minuten zugedeckt ziehen. Dann absieben und dem Badewasser zugeben.

Lavendelbad

Ein Lavendelbad wirkt allgemein anregend auf das Nervensystem. Nervöse Erschöpfungszustände können damit unterstützend behandelt werden. Zudem belebt ein Lavendelbad den Kreislauf und fördert die Durchblutung der Haut.

Übergießen sie 100 g getrocknetes Lavendelkraut mit 1 l heißem Wasser, und lassen Sie den Aufguss 5 Minuten abgedeckt ziehen. Dann abseihen und dem Badewasser zufügen.

Thymianbad

Die ätherischen Öle des Thymians wirken krampflösend bei chronischer Bronchitis, chronischem Asthma oder Keuchhusten.

Übergießen Sie 100 g getrocknete Thymianblätter mit 1 l heißem Wasser. Abgedeckt 5 Minuten ziehen lassen. Dann abseihen und dem Badewasser zusetzen.

Holunderbad

Ein Holunderbad hilft gegen Erkältungen und wirkt desinfizierend bei oberflächlichen Wunden, unreiner Haut und Akne.

Überbrühen Sie 100 g getrocknete Holunderblüten mit 1 l kochendem Wasser. Abgedeckt 5 Minuten ziehen lassen. Dann abseihen und in das Badewasser geben.

Kamillenbad

Ein Kamillenbad fördert die Heilung von schlecht abheilenden Wunden. Es stillt den Juckreiz bei chronischen Ekzemen und wirkt krampflösend bei Hämorrhoiden.

Übergießen Sie 100 g getrocknete Kamillenblüten mit 1 l heißem Wasser. Lassen Sie den Aufguss zugedeckt 10 Minuten ziehen. Dann abfiltern und dem Badewasser zusetzen.

Schafgarbenbad

Ein Schafgarbenbad wirkt entzündungshemmend bei Erkrankungen der Haut und krampflösend bei Menstruationsbeschwerden.

Übergießen Sie 200 g Schafgarbenkraut mit 2 l heißem Wasser. Abgedeckt 5 Minuten ziehen lassen. Dann abseihen und dem Badewasser zugeben.

Minzebad

Ein Minzebad fördert die Hautdurchblutung und wirkt stark erfrischend.

Füllen Sie 2–3 Handvoll frische, zerkleinerte Minzeblätter in ein Baumwollsäckchen, und hängen Sie es in das einlaufende Badewasser.

Heilkräuter zum Gurgeln und Spülen

Pflanzliche Mundspülungen und Gurgelmittel sind immer noch am bewährtesten bei der Behandlung von Entzündungen der Mund- und Rachenschleimhäute sowie des Zahnfleischs. Sie bewirken eine verstärkte Durchblutung und Reinigung. Darüber hinaus haben sie einen örtlichen, das Gewebe umstimmenden Einfluss. Sie sind weitaus erfolgreicher als die Lutsch- und Gurgelmittel aus der Retorte, weil letztere lediglich auf eine Desinfizierung des Mund- und Rachenraums abzielen. Fleißiges Gurgeln und Spülen verkürzt den Krankheitsprozess. Die akuten Beschwerden klingen bedeutend schneller ab als ohne diese Behandlung.

Salbei

... hilft bei akuten Entzündungen der Mundschleimhaut sowie chronischer Kehlkopfentzündung mit Reizhusten und Schluckbeschwerden. Die Schleimstoffe des Salbeis überziehen die entzündeten Schleimhäute mit einem schützenden Film und fördern dadurch die Heilung.

Übergießen Sie 1 Esslöffel (EL) getrocknete und zerkleinerte Salbeiblätter mit $^1/_4$ l heißem Wasser, und lassen Sie den Aufguss 5 Minuten abgedeckt ziehen. Dann abfiltern und mehrmals täglich den Mund damit ausspülen oder gurgeln. Diesen Aufguss bereiten Sie vor jeder Anwendung frisch zu.

Heidelbeeren

Eine Abkochung aus Heidelbeeren hilft bei hartnäckigem Raucherhusten, chronischen Infektionen der Mundschleimhaut und des Zahnfleischs sowie bei akuten Entzündungen der Zunge. Die Gerbstoffe der Heidelbeeren wirken adstringierend. Sie regen die Drüsen der Schleimhäute zu vermehrter Schleimproduktion an, wodurch auch der Heilungsprozess beschleunigt wird.

Kochen Sie 2–3 EL getrocknete Heidelbeeren 20 Minuten in $\frac{1}{2}$ l Wasser. Dann abfiltern und mehrmals täglich mit diesem Aufguss den Mund ausspülen und gurgeln.

Es ist sinnvoll, abwechselnd mit Heidelbeere und Salbei zu spülen und zu gurgeln, weil sich die beiden Arzneipflanzen in ihrer Wirkung ergänzen.

Kamille

... ist angebracht bei akuten Entzündungen der Mundschleimhaut und Mandelentzündungen. Die ätherischen Öle der Kamille wirken entzündungshemmend, desinfizierend und beschleunigen das Abklingen der Entzündung.

Übergießen Sie 3 TL getrocknete Kamillenblüten mit 1 Tasse heißem Wasser, und lassen Sie die Mischung 10 Minuten abgedeckt ziehen. Dann abfiltern und stündlich den Mund ausspülen oder gurgeln. Diesen Aufguss bereiten Sie vor jeder Anwendung frisch zu.

Tausendgüldenkraut

... hilft gegen chronische Entzündungen der Mund- und Rachenschleimhäute. Die Bitterstoffe des Tausendgüldenkrauts regen die Sekretion der Speichel- und Schleimdrüsen an und unterstützen dadurch den Heilungsprozess.

Kochen Sie 2 TL getrocknetes und zerkleinertes Tausendgüldenkraut 20 Minuten in $1/2$ l Wasser. Dann abfiltern und mehrmals täglich damit gurgeln oder spülen.

Heilöle

Aus der Küche sind Ihnen die aromatischen Kräuteröle sicherlich bekannt. Sie werden hergestellt, indem eine gewisse Menge Kräuter mit Speiseöl angesetzt wird. Das Aroma der Kräuter geht dann in dieses Öl über. Ein medizinisch wirksames Öl wird genauso zubereitet. Die Arzneipflanze wird zerkleinert und mit einem neutralen Speiseöl angesetzt. Die Aroma- und Wirkstoffe wandern aus dem Heilkraut in das Öl. Dieser Vorgang ist mit der Herstellung eines Mazerats vergleichbar. Im Prinzip ist ein Heilöl ein öliges Mazerat. Anstelle von Wasser wird Öl verwendet, und das Ausziehen der Wirkstoffe aus der Arzneipflanze dauert anstatt Stunden eben Wochen.

Johanniskrautöl

Geben Sie 2 Hand voll frische, aber trockene Blüten des Johanniskrauts in ein genügend großes Glasgefäß, und zerdrücken Sie die Blüten mit einem Mörser. Geben Sie 1 l Weizenkeimöl oder Sonnenblumenkernöl hinzu, und verschließen Sie das Glas luftdicht. Lassen Sie die Mischung 5–6 Wochen bei Zimmertemperatur und dann noch 1 Woche in der Sonne stehen.

Anschließend filtern Sie das Johanniskrautöl ab und bewahren es kühl auf. Es ist etwa 9 Monate haltbar.

Sie können es innerlich und äußerlich anwenden. Zur unterstützenden Behandlung von Magenschleimhautentzündung und -geschwüren nehmen Sie morgens nüchtern und abends vor der Nachtruhe je 1 TL Johanniskrautöl ein. Meiden Sie bei der innerlichen Behandlung mit Johanniskrautöl die direkte Sonne und Solarien. Der Wirkstoff Hypericin steigert die Lichtempfindlichkeit der Haut und kann Hautreizungen hervorrufen.

Bei der äußerlichen Anwendung besteht diese Gefahr hingegen nicht. Hierbei ist Johanniskrautöl ein herrliches Körper- und Massageöl.

Gewürzöle

Die Heilkräuter, die einen hohen Anteil an ätherischen Ölen besitzen, eignen sich auch zur Herstellung von Gewürzölen, mit denen Sie Ihren Gerichten eine unverwechselbare Note verleihen. Wenn Sie die geeigneten Kräuter in einem hochwertigen Speiseöl einlegen, werden ihr Duft und Aroma nach einiger Zeit in das Öl übergehen.

Für die nachfolgenden Rezepte benötigen Sie einwandfrei saubere Flaschen, die Sie gut verschließen müssen – dafür eignet sich am besten ein Korken. Alle Kräuteröle lassen Sie nach der Zubereitung 3 Wochen an einem warmen Ort durchziehen. Sieben Sie sie dann ab. Sonst verändern die Zutaten möglicherweise ihren Geschmack oder werden muffig. Bewahren Sie die fertigen Kräuteröle kühl und dunkel auf, am besten im Gemüsefach des Kühlschranks. Sie sind etwa $^{1}/_{2}$ Jahr haltbar.

Salbeiöl

6–8 Zweige getrockneter Salbei
2–3 Gewürznelken
1–2 Lorbeerblätter
$1/_2$ TL weiße Pfefferkörner
$3/_4$ l Olivenöl

Geben Sie alle Zutaten in eine dicht verschließbare Flasche, und übergießen Sie die Mischung mit dem Olivenöl. Salbeiöl ist für alle Fischgerichte eine gute Ergänzung.

Knoblauchöl mit Salbei

2 Zweige getrockneter Salbei
6–8 geschälte Knoblauchzehen
$3/_4$ l Olivenöl

Füllen Sie alle Zutaten in eine dicht verschließbare Flasche, und gießen Sie das Olivenöl darüber. Dieses Öl eignet sich gut für alle kräftigen Mittelmeergerichte.

Rosmarinöl

2 Zweige getrockneter Rosmarin
1 Chilischote
$3/_4$ l Olivenöl

Stecken Sie die Rosmarinzweige in eine passende, dicht verschließbare Flasche. Geben Sie die Chilischote dazu, und gießen Sie das Ganze mit dem Olivenöl auf. Nehmen Sie es für Grillfleisch und Geflügel sowie für frische Salate.

Lavendelöl

2–3 Zweige getrockneter Lavendel
1 Zweig getrocknetes Basilikum
1 Blatt getrockneter Salbei
$^{3}/_{4}$ l Weizenkeimöl

Füllen Sie alle Zutaten in eine passende, gut verschließbare Flasche, und gießen Sie das Weizenkeimöl darüber. Es ist ideal für Lammfleisch und provenzialische Schmorgerichte.

Kräuteressige

Genauso wie Sie selbst Gewürzöle herstellen können, lassen sich mit aromatischen Heilkräutern auch ganz individuelle Essige ansetzen. Sie benötigen einwandfrei saubere Flaschen, die dicht verschließbar sind, und einen guten Essig. Alle Essigzubereitungen lassen Sie 2–3 Wochen an einem warmen Ort ziehen und filtern sie dann ab. Kühl und dunkel aufbewahrt sind Kräuteressige etwa 1 Jahr haltbar.

Melissenessig

3–4 Zweige getrocknete Melisse
Schale von 1 unbehandelten Zitrone
$^{1}/_{2}$ l Weißweinessig

Waschen Sie die Zitrone heiß ab, und schälen Sie nur die gelbe Schale ab. Das Weiße unter der Schale ist bitter und darf nicht in den Essig gelangen. Stecken Sie die Melissenzweige in eine geeignete, dicht verschließbare Flasche. Fügen Sie die Zitronenschale hinzu, und gießen Sie das Ganze mit dem Weinessig auf.

Lassen Sie diese Mischung 1 Woche lang ziehen. Nehmen Sie dann die Zitronenschale heraus. Die Melissenzweige lassen Sie noch weitere 3 Wochen in dem Essig ziehen. Melissenessig ist für Salatsoßen und zum Würzen von Fischgerichten geeignet.

Dillessig mit Pfefferkörnern

10–12 frische Dillzweige
2 EL schwarze Pfefferkörner
1 TL Zucker
3/4 l Weißweinessig

Kochen Sie den Essig mit dem Zucker sowie den Pfefferkörnern auf, und lassen Sie dann alles abkühlen. Geben Sie die Dillzweige in eine geeignete, dicht verschließbare Flasche. Gießen Sie die Essiglösung mit den Pfefferkörnern darüber. Lassen Sie den Dillessig 2 Wochen lang durchziehen, und filtern Sie ihn dann ab. Dieser Essig passt zu Salatsoßen und Fischgerichten.

Basilikumessig

8–10 Zweige frisches Basilikum
1 Zwiebel
1 TL Grüner Pfeffer
1 Lorbeerblatt
1 EL Zucker
3/4 l Weißweinessig

Stecken Sie die Basilikumzweige in eine geeignete, gut verschließbare Flasche. Hacken Sie die Zwiebel in grobe Stücke, und kochen Sie diese zusammen mit Grünem Pfeffer, Lorbeerblatt und Zucker in Weinessig auf. Abkühlen lassen und absieben. Gießen Sie die Essiglösung über die Basilikumzweige. Lassen Sie den Basilikumessig 1 Woche ziehen, und filtern Sie ihn dann ab. Er gibt allen Salatsoßen eine raffinierte Note.

Kräuterliköre und -schnäpse

Die Mönche des frühen Mittelalters erfanden den Destillierkolben und waren dadurch in der Lage, alkoholische Getränke herzustellen. Sie wollten aber keinen Spirituosenhandel betreiben, sondern durch das Destillieren der Kräuter deren Heilkräfte konzentrieren und das Wirksame vom Unwirksamen trennen. Im Sprachgebrauch der mittelalterlichen Klöster wurden die Worte Schnaps oder Alkohol vermieden. Die Mönche nannten ihre Kräuterweine, -liköre und -schnäpse Lebenswasser oder auch Feuerwasser. In ihnen waren die Heilkräfte der Natur vereinigt, und sie sollten nur medizinischen Zwecken dienen: Gegen Seuchen und die Pest und zur unterstützenden Behandlung von vielen Krankheiten wurden sie verabreicht.

Hildegard von Bingen verordnete viele Heilkräuter in Form von Kräuterweinen, die ihre Kranken dann wie Medizin in kleinen Schlucken trinken sollten. Denn Alkohol ist ein ideales Lösungsmittel für die Aromen und Wirkstoffe der verschiedenen Heilkräuter, und dieses Wissen machten sich die heilkundigen Mönche der Klöster zunutze. Im Laufe der Jahrhunderte des Ausprobierens und Verfeinerns schufen sie den Benediktinerlikör, den Chartreuse, den Melissengeist, den Ettaler Klosterlikör und viele andere alkoholische Kräuterspezialitäten.

Die folgenden Rezepte sind als Anregung für Sie gedacht, sich nach Ihrem Geschmack alkoholische Kräuterspezialitäten zuzubereiten. Bedenken Sie jedoch, dass Alkohol an sich ein Zellgift ist. Deshalb empfiehlt sich der Genuss nur in »therapeutisch kleinen Dosen«.

Holunderbrandy

1 kg reife, frische Holunderbeeren
125 g Zucker
1 Flasche Weinbrand

Entfernen Sie die Stiele von den reifen Holunderbeeren. Waschen Sie diese kurz ab, und geben Sie die noch nassen tropfenden Beeren in einen großen Topf. Streuen Sie den Zucker darüber, und erhitzen Sie die Beeren so lange, bis sie geplatzt sind. Stampfen Sie sie kräftig durch. Legen Sie ein großes Abtropfsieb mit einem dünnen Baumwollhandtuch aus, und schütten Sie die zerkochten Beeren hinein, um den entstandenen Saft ablaufen zu lassen. Am nächsten Tag quetschen Sie die Holunderbeeren noch einmal vorsichtig aus und vermischen den Holundersaft mit 1 Flasche Weinbrand. Füllen Sie den Holunderbrandy in blitzsaubere, dicht verschließbare Flaschen. Lassen Sie ihn mindestens 6 Wochen ziehen.
Im Winter ist Holunderbrandy eine gute Grundlage für einen Holundergrog, der von innen wärmt und beginnende Erkältungen vertreibt.

Minzelikör

250 g frische Pfefferminze
1 Prise gemahlene Muskatblüte (Macis)
10 Gewürznelken
Schale von 1 unbehandelten Orange
1/2 l Weingeist (96%iger Alkohol aus der Apotheke)
150–200 g Zucker
375 ml Wasser

Waschen Sie die Orange heiß ab. Achten Sie beim Schälen darauf, dass Sie die weiße Haut entfernen. Sie darf nicht mit verwendet werden. Geben Sie Minze, Muskatblüte, Nelken und Orangenschale in einwandfrei saubere, dicht verschließbare Flaschen, und gießen Sie den Weingeist darüber. Lassen Sie diese Mischung 3 Wochen an einem warmen, dunklen Ort ziehen. Dann filtern Sie diese Mixtur durch feines Filterpapier (Kaffeefilter). Kochen Sie 375 ml Wasser solange mit dem Zucker auf, bis der Zucker vollständig aufgelöst ist. Abkühlen lassen und mit dem Pfefferminzansatz vermischen. Diese Lösung füllen Sie in einwandfrei saubere, dicht verschließbare Flaschen und lassen sie mindestens 3 Monate ruhen.

Minzelikör regt nach einem reichhaltigen Essen die Verdauungssäfte an und macht schwere Mahlzeiten bekömmlicher.

Heidelbeergeist

1 kg frische Heidelbeeren
750 g Zucker
1 Flasche Himbeergeist

Entfernen Sie die Stiele von den Heidelbeeren. Waschen Sie die Beeren, und breiten Sie diese zum Abtropfen auf ein mit Küchenpapier ausgelegtes Backblech aus. Tupfen Sie die Beeren vorsichtig trocken, und vermischen Sie sie mit dem Zucker. Füllen Sie die Mischung in einwandfrei saubere, dicht verschließbare Flaschen, die Sie so lange an einem warmen, dunklen Ort lagern, bis der Zucker sich aufgelöst hat. Rütteln Sie die Flaschen zwischendurch öfters, damit der Zucker sich besser löst. Dann gießen Sie den Himbeergeist zu, verschließen die Flaschen wieder, und lassen sie mindestens 6 Monate ruhen.

Ein Heidelbeergeist kann bei leichten Darmkatarrhen hilfreich sein.

Punschextrakt mit Kräutertee

½ l starker Kräutertee
Schale von 1 unbehandelten Orange
Saft und Schale von 1 unbehandelten Zitrone
200 g Zucker
½ l frischer Orangensaft (von etwa 6–8 Saftorangen)
375 ml Rum (54%ig)

Schälen Sie die Orange und die Zitrone so dünn ab, dass nichts von dem Weißen an den Früchten haften bleibt. Erhitzen Sie Zitronen- und Orangensaft, Kräutertee und Zucker zusammen mit der Zitronen- und Orangenschale, bis sich der Zucker aufgelöst hat. Abkühlen lassen und die Schalen herausnehmen. Dann gießen Sie den Rum zu, vermischen alles und füllen den Punschextrakt in absolut saubere, dicht verschließbare Flaschen. Zum Gebrauch verdünnen Sie den Extrakt mit Weißwein – Menge nach Geschmack – und erhitzen ihn.

Ein raffiniertes Getränk, das Sie aus Ihrem Lieblingskräutertee zubereiten sollten.

Kräutertee-Bowle ohne Alkohol

1½ l starker Kräutertee (z. B. Anis, Fenchel, Holunder oder Kamille)
100 g Zucker
2 Päckchen Vanillezucker
¼ l frischer Zitronensaft
¼ l frischer Orangensaft
250 g Erdbeeren
300 g Himbeeren
2 Bananen
1 l Zitronensprudel, Eiswürfel

Lösen Sie den Vanillezucker und den Zucker in dem heißen Kräutertee auf, und lassen Sie die Mischung abkühlen. Fügen Sie Zitronen- und Orangensaft hinzu. Halbieren oder vierteln Sie die Erdbeeren. Schneiden Sie die Bananen in Scheiben, und geben Sie alles zusammen mit den Himbeeren hinein. Lassen Sie die Bowle $^{1}/_{2}$ Stunde lang durchziehen, und füllen Sie sie dann mit dem Zitronensprudel auf. Zum Schluss fügen Sie einige Eiswürfel hinzu.

Eine erfrischende und ungewöhnliche Bowle für heiße Sommertage!

Heilkräuter gegen Ungeziefer

So wie Sie sich selbst Gutes tun und sich mit Heilkräutern behandeln, können Sie dies auch mit Ihrem Garten machen, wenn Sie die geeigneten Arzneipflanzen einsetzen. Mit Brennnesseln, Beinwell, Holunder und Knoblauch schützen Sie Ihre Pflanzen gegen Schädlinge wie Blattläuse, Wühlmäuse oder Milben. Brennnesseln sind am vielseitigsten zu gebrauchen. Sie sind überall in reicher Zahl vorhanden und werden zur biologischen Schädlingsbekämpfung und Düngung eingesetzt – je nachdem ob Sie einen Kaltwasserauszug (Mazerat), gärende Jauche oder vergorene Jauche verwenden.

Brennnesselmazerat gegen Blattläuse

1 kg frische oder 200 g getrocknete Brennnesseln in 10 l Wasser einweichen und 12–24 Stunden ziehen lassen. Dann abseihen und unverdünnt bei bedecktem Himmel auf die befallenen Blätter und Triebe sprühen.

Gärende Brennnesseljauche gegen Blattläuse und Spinnmilben

1 kg frische oder 200 g getrocknete Brennnesseln in 10 l Wasser einweichen und 4–5 Tage offen in der Sonne stehen lassen, bis die Mischung anfängt zu gären. Zur Anwendung verdünnen Sie diese im Verhältnis 1:50 mit Wasser, das heißt ein Teil Brennnesseljauche auf 50 Teile Wasser. Dann abseihen und bei bedecktem Himmel auf die befallenen Pflanzen sprühen.

Vergorene Brennnesseljauche – ein Stickstoffdünger mit schneller Wirkung

1 kg frische oder 200 g getrocknete Brennnesseln in 10 l Wasser einweichen und so lange offen in der Sonne stehen lassen, bis die Jauche nicht mehr gärt. Verdünnen Sie diese im Verhältnis 1: 20, wenn Sie Jungpflanzen angießen oder sie als Blattdünger verwenden wollen. Falls Sie generell den Boden düngen wollen, verdünnen Sie die Jauche im Verhältnis 1:10.

Beinwelljauche – ein kalihaltiger kräftigender Dünger

1 kg frische Beinwellblätter in 10 l Wasser einweichen und offen in der Sonne restlos vergären lassen. Verdünnen Sie die Beinwelljauche mit Wasser im Verhältnis 1:10 und gießen Sie mit der Mischung den Wurzelbereich der Pflanze.

Holunderjauche gegen Wühlmäuse

1 kg frische Holunderblätter und -beeren in 10 l Wasser einweichen und offen in der Sonne restlos vergären lassen. Gießen Sie die Holunderjauche in die Gänge der Wühlmäuse. Der scharfe Jauchegeruch vertreibt die Nager.

Knoblauch gegen Pilzbefall, Mehltau und Milben

75 g Knoblauchzehen zerkleinern und mit 1 l kochendem Wasser überbrühen. 5 Stunden zugedeckt stehen lassen und dann absieben. Bei Pilzbefall sprühen Sie das Knoblauchwasser unverdünnt auf die Pflanzen und den Boden. Bei Befall mit Milben oder Mehltau verdünnen Sie das Knoblauchwasser mit Wasser im Verhältnis 1:7 und besprühen damit die Pflanzen sowie den Boden.

Literatur und Quellen

Bocksch, Manfred: *Das praktische Buch der Heilpflanzen.* München 1996.

Fintelmann, Volker/Menßen, Hans-Georg/Siegers, Claus-Peter: *Phytotherapie Manual.* Stuttgart 1989.

Franke, Wolfram: *Biogarten.* München 1993.

Haase-Hauptmann, Elke: *Die Heilkräuter der Hildegard von Bingen.* München 1997.

Nielsen, Harald: *Heilpflanzen in Farbe.* München 1977.

Reger, Karl-Heinz: *Hildegard Medizin.* München 1989.

Weiss, Rudolf Fritz: *Lehrbuch der Phytotherapie.* Stuttgart 1982.

Wilfort, Richard: *Gesundheit durch Heilkräuter.* Linz 1991.

Register